공부가 되는
흐름 한국사 1

〈공부가 되는〉 시리즈 52

공부가 되는
흐름 한국사 1

초판 1쇄 발행 2014년 12월 22일
초판 2쇄 발행 2017년 8월 18일

지은이 조한서
추천·감수 조왕호

책임편집 김설아
책임디자인 유영준

펴낸이 이상순
주　간 서인찬
편집장 박윤주
기획편집 한나비, 김한솔
디자인 이민정
마케팅 홍보 이상광, 이병구, 김수현, 오은애
펴낸곳 (주)도서출판 아름다운사람들
주소 (413-756) 경기도 파주시 회동길 103
대표전화 (031)955-1001 **팩스** (031)955-1083
이메일 books777@naver.com
홈페이지 www.books114.net

ⓒ2014 조한서
ISBN 978-89-6513-333-9　74900
ISBN 978-89-6513-332-2　74900 (세트)

◎ 파본은 구입하신 서점에서 교환해 드립니다.
　이 책은 저작권법에 의하여 보호를 받는 저작물이므로 무단 전재와 복제를 금합니다.

공부가 되는
흐름 한국사
1

선사 시대부터 통일 신라와 발해까지

지음 조한서 | 추천·감수 조왕호

아름다운사람들

| 차례 |

아이들이 《공부가 되는 흐름 한국사》를 읽으면 좋은 이유 …8

1 인류의 탄생과 석기 시대 …10

지구 탄생의 우주 쇼 …12
지구에는 언제부터 사람이 살기 시작했을까? …14
우리나라에는 언제부터 사람이 살았을까? …18
다시 큰 변화가 일어나다 …19
석기 시대 사람들은 어떻게 살았을까? …23

2 청동기 시대와 고조선 …30

우리 조상이 처음 세운 나라 고조선 …32
청동기가 몰고 온 변화 …36
8조의 법으로 다스린 고조선 …41

3 철기 시대와 위만 조선 …46

위만 조선은 철기 문화와 더불어 성장한 나라 …48
안타깝게 멸망한 고조선 …51
고조선에 이어 등장한 나라들 …55

인류의 탄생부터 고조선까지 연표 …62

4 삼국과 가야의 건국 신화 ···64

주몽, 고구려를 세우다 ···66
온조가 세운 나라, 백제 ···69
알에서 태어난 박혁거세, 신라를 세우다 ···72
여섯 개의 알과 6가야 ···74

5 성장하는 삼국 ···78

고구려의 성장 ···80
백제의 성장 ···85
신라의 성장 ···89

6 삼국의 발전과 가야 ···94

크게 뻗어 나가는 고구려 ···96
다시 일어서는 백제 ···100
신라의 발전 ···105
가야의 발전과 멸망 ···112

7 삼국의 생활과 문화 ···116

삼국 시대 사람들은 어떻게 살았을까? ···118
삼국의 학문과 과학 기술 ···122
삼국의 종교와 예술 ···126
삼국의 고분 문화 ···134
삼국과 이웃 나라의 교류 ···138

8 고구려와 수·당의 싸움 ···142

남북 세력과 동서 세력의 대립 ···144
고구려와 수나라의 세력 다툼 ···146
고구려, 당나라의 세력도 물리치다 ···151

9 신라의 삼국 통일 ···156

백제의 멸망 ···158
고구려, 스스로 무너지다 ···163
신라, 삼국 통일을 완성하다 ···166

삼국 시대 연표 ···170

10 통일 신라와 발해 ···172

통일 신라의 발전 ···174
대조영, 발해를 세우다 ···178
발해, '해동성국'으로 발전하다 ···182
발해의 멸망 ···186
통일 신라와 발해는 어떤 나라들과 교류했을까? ···187

11 통일 신라와 발해의 문화 ···192

통일 신라의 불교문화 ···194
빼어난 불교 예술 작품 ···199
고구려 문화를 이어받은 발해 문화 ···205

12 통일 신라, 세 나라로 나뉘다 ···208

흔들리는 통일 신라 ···210
농민이 들고일어나다 ···212
새로운 세력의 등장 ···214
후삼국 시대가 시작되다 ···217

통일 신라와 발해 연표 ···222

자료 제공처 및 출처 ···224

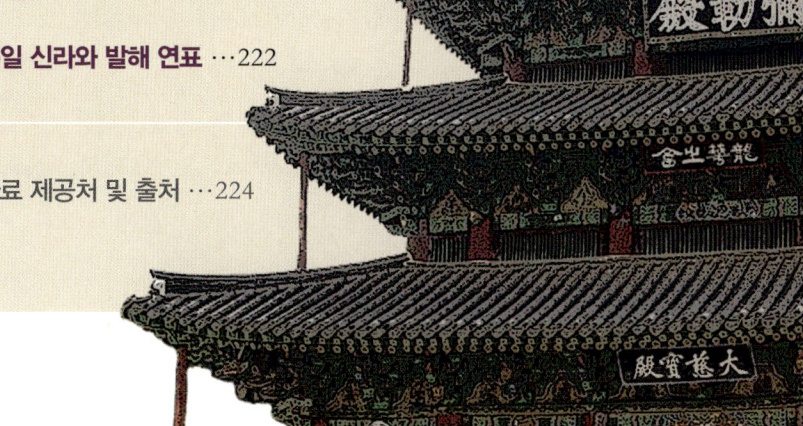

아이들이
《공부가 되는 흐름 한국사》를
읽으면 좋은 이유

1 역사를 알면 오늘을 살아가는 데 필요한
지혜와 교훈을 얻을 수 있습니다

《공부가 되는 흐름 한국사》는 지구의 탄생에서 시작해 한반도를 중심으로 우리 조상이 살아온 발자취가 현재의 우리와 어떻게 연결되었는지를 알려 줍니다. 지금 우리가 겪고 있는 모든 일은 과거와 끈이 닿아 있다는 것을 알게 해 주며, 오늘날 우리 삶을 만들어 낸 우리 역사의 거대한 흐름을 재밌게 이해하도록 도와주기 때문입니다. 또한 역사 속에는 우리 조상이 살아온 온갖 지혜와 경험이 담겨 있습니다. 그러므로 역사를 알면 오늘을 살아가는 데 필요한 지혜와 교훈을 얻을 수 있습니다. 이 같은 이유에서 역사학자 에드워드 카는 "역사는 과거와 현재의 끊임없는 대화"라고 말했습니다.

2 역사적 안목을 높이고 생각하는 힘을 길러 줍니다

역사학자 리처드 에번스는 "역사는 그것이 어떻게 일어났으며, 어떻게 소멸하고, 어떤 영향을 주었는가를 파악하는 것이 더 중요하다."라고 했습니다. 이처럼 역사를 접할 때는 단순히 과거에 어떤 일이 있었는지 사실 관계를 아는 데 그치는 것이 아니라, 그 사건이 일어난 배경과 그렇게 될 수밖에 없는 필연적 이유를 아는 것이 더 중요합니다. 따라서 역사적 안목을 갖춘다는 의미는 단순히 있었던 일을 아는 데 있지 않습니다. '있었던 일'을 평가하고 비판할 수 있는 힘을 기르며, 역사적 사건을 해석하고 평가하는 기준도 시대에 따라 다를 수 있다는 것을 아는 것입니다. 그러므로 역사를 제대로 알고 이해하는 것은 사물에 대한 사고력과 판단력을 폭넓게 길러 줄 뿐 아니라 스스로 생각하는 힘을 기르게 해, 우리 아이들의 가치관을 결정하는 데 중요한 디딤돌이 되어 줍니다.

3 어려운 역사 개념이 바로 해결됩니다

중앙 집권 국가, 동북공정, 온건파, 탕평책, 신분 제도, 세도 정치, 중립 외교, 권문세족, 내정 간섭, 제도 정비, 민주주의, 사회주의, 자본주의…… 우리가 늘 듣는 용어지만 각각의 구체적인 뜻은 모호합니다. 역사적 개념은 도대체 어떤 사건을 통해 사용되기 시작했고, 어떤 의미를 포함하고 있을까요? 한국사를 통해 생겨나 오늘날의 일상생활에서도 흔히 사용되는 어휘와 개념을 단순한 어휘와 암기를 뛰어넘어, 한국사의 큰 흐름 속에서 이해하고 활용할 수 있도록 똑똑하게 알려 줍니다.

4 공부의 즐거움을 깨치는 〈공부가 되는〉 시리즈

〈공부가 되는〉 시리즈는 공부를 지겹게만 여기는 우리 아이들에게 공부의 즐거움을 알려 주는 시리즈입니다. 또한 만사가 궁금한 우리 아이들의 지적 호기심을 해결해 주는 시리즈이기도 합니다. 공부의 맛과 재미는 탄탄한 기초 교양 위에서 더욱 커집니다. 그리고 그 기초 교양은 우리 아이들이 자기 주도적인 학습을 하는 데에도 원동력이 되어 줍니다. 《공부가 되는 흐름 한국사》는 역사의 거대한 흐름을 이해하고, 이를 통해 역사적 안목과 사고력·판단력을 높일 수 있도록 만들었습니다. 역사 공부를 통해 기른 뚜렷한 역사의식은 우리 아이들이 주체적 인간으로 성장하는 데 징검다리 역할을 해 줄 것입니다.

1

인류의 탄생과 석기 시대

이제 우리는 지구의 탄생부터 오늘에 이르기까지 긴 역사 여행을 시작할 거야. 이 여행을 통해 인류는 언제 어떻게 생겼고 무엇을 해 왔는지 보게 될 거란다. 그리고 우리나라의 역사와 문화가 어떻게 형성되었는지 이해할 수 있으며, 또 앞으로 우리가 어떻게 살아갈 것인지 짐작해 볼 수도 있어. 그래서 역사를 '현재의 뿌리이자 미래의 거울'이라고 표현하는 거야.

인류의 탄생과 석기 시대

1

지구 탄생의 우주 쇼 | 지구에는 언제부터 사람이 살기 시작했을까? | 우리나라에는 언제부터 사람이 살았을까? | 다시 큰 변화가 일어나다 | 석기 시대 사람들은 어떻게 살았을까?

지구 탄생의 우주 쇼

우리가 살고 있는 지구는 언제 어떻게 만들어졌을까?

우주가 처음 생겨났을 때부터 수성, 금성, 화성, 목성 같은 별과 함께 태양의 주위를 돌고 있지 않았겠느냐고?

글쎄, 그렇지는 않을 거야. 영국의 이름난 역사학자인 아널드 토인비는 《역사의 연구》라는 책에서 멋진 우주 쇼에 대해 이야기하고 있어. 지구의 탄생에 대해서 말이야.

아주 먼 옛날, 태양은 광활한 우주 한 모퉁이에서 홀로 빛나고 있었지. 그때 우주를 접시처럼 떠돌던 또 하나의 별이 접근해 왔단다.

그 별은 왜 태양을 향해 접근했을까? 찬란히 빛나는 태양이

너무 아름다워 태양과 연애라도 하고 싶었던 걸까? 아니면 그냥 우연히 태양 가까이 다가오게 되었을까?

그 까닭은 알 길이 없어. 어쨌든 두 별의 거리가 가까워지면서 두 별 사이에는 만유인력이 작용하게 되었단다.

뉴턴이 사과 떨어지는 것을 보고 발견했다는 만유인력의 법칙은 알고 있겠지? 세상의

> ● **아널드 조지프 토인비**
> Arnold Joseph Toynbee, 1889~1975
>
> 영국의 역사가이자 문명 비평가야. 옥스퍼드대학교의 연구원, 외무부 정보부원, 런던대학교 교수, 왕립국제문제연구소 연구부장 등을 두루 지냈어. 《역사의 연구》(총 12권)라는 책으로 유명해.

태양계의 탄생 태양의 한 부분이 떨어져 나가 수성, 금성, 지구, 화성, 목성, 토성, 천왕성으로 이어지는 지금의 태양계가 만들어졌단다.

인류의 조상, 루시
1974년, 에티오피아의 하다르 협곡에서 발굴한 뼛조각을 맞춰 복원한 오스트랄로피테쿠스의 모습이야. 발굴단은 1.1미터 크기의 이 화석에 '루시'라는 애칭을 붙여 주었어.

모든 물체 사이에는 서로 끌어당기는 힘이 작용한다는 이야기 말이야.

태양도 큰 별이지만, 태양 가까이 접근해 온 별도 아주 큰 별이었던 모양이야. 그래서 두 별의 거리가 가까워지면서 두 별 사이에는 엄청나게 큰, 서로 끌어당기는 힘이 작용했겠지. 그 바람에 태양의 한 부분이 떨어져 나가 수성, 금성, 지구, 화성, 목성, 토성, 천왕성으로 이어지는 지금의 태양계가 만들어졌다는 것이 토인비의 이야기야.

이글거리는 태양의 한 부분이 떨어져 나가 태양계가 만들어지는 장면은 얼마나 대단했을까? 우리가 그 장면을 볼 수 있었다면, 그것은 정말 입이 딱 벌어질 만큼 굉장한 우주 쇼가 아니었을까 생각돼.

지구에는 언제부터 사람이 살기 시작했을까?

지구의 탄생을 알아봤으니, 이번에는 지구의 나이와 지구에 언제부터 사람이 살기 시작했는지 알아보도록 할까?

과학자들은 지구의 나이를 46억 년쯤으로 보고 있어. 그러니까 토인비의 말처럼 태양의 일부가 떨어져 나가 지구가 되었다면, 그 우주 쇼는 46억 년 전에 일어났던 일이라는 이야기야.

태양의 일부가 떨어져 나가 만들어진 지구는 처음에는 쇳물이 녹아 있는 용광로처럼 뜨거운 바윗덩어리였지. 이 뜨거운 지구가 점점 식으면서 화산이 폭발했고, 그때 땅속 깊숙이 있던 물이 용암과 함께 땅 위로 흘러나왔어.

그렇게 뿜어 나온 물은 낮은 곳으로 흘러가고, 수증기가 되어 하늘로 올라가기도 했지.

하늘로 올라간 수증기는 지구가 식으면서 비가 되어 다시 지구로 떨어졌어. 아주 오랫동안 엄청나게 많은 비가 내렸다고 해. 그 물이 낮은 곳으로 흘러가 고여서 바다가 됐지. 약 38억 년쯤 전 일이라고 해.

그 원시의 바다에서 처음으로 생명체가 만들어졌어. 그러니까 그 이전에는 땅에도 바다에도 생명체가 전혀 살지 않았다는 이야기지.

원시의 바다에서 만들어진 생명체는 물론 오늘날의 동식물과 같은 생명체가 아니었어. 단세포 형태의 원시 생명체였지. 이 단세포 생명체가 오랜 세월 진화의 과정을 거쳐 오늘날과 같은 수많은 생명체가 어우러져 사는 지구가 되었어.

그럼 우리 조상인 원시 인류는 언제 처음 지구에 등장했을까?

지구에 등장한 최초의 인류는 3백만 년 전 남아프리카에서 살았던 오스트랄로피테쿠스라고 해. 오스트랄로피테쿠스는 '남방 원숭이'라는 뜻으로 오늘날의 인류보다는 원숭이에 더 가까웠지. 뇌의 크기도 지금 살고 있는 인류의 3분의 1 정도였어. 약 5백 밀리리터가 조금 넘어서 고릴라와 거의 같았지. 그렇지

오스트랄로피테쿠스
오스트랄로피테쿠스를 상상해서 그린 그림이야. 뇌 용량은 고릴라와 비슷했지만, 두 발로 걷고 도구를 사용할 줄 알았기 때문에 인류의 조상이라 할 수 있지.

알타미라 동굴 벽화
알타미라 동굴은 스페인 북부에 있어. 세계에서 가장 오래된 구석기 시대의 벽화가 남아 있는 곳이지. 들소, 멧돼지, 사슴 등의 벽화뿐 아니라 가죽 옷, 석기, 숯 등의 생활용품도 발견되었어.

만 돌로 찍개, 긁개 등 간단한 도구는 만들어 썼다고 해. 이런 것이 원숭이와 다른 점이지.

오늘날의 우리처럼 두 발로 걷고 불을 사용하는 인류의 조상이 지구에 나타나기까지는 다시 많은 세월이 흘렀어. 50만 년쯤 전, 마침내 호모 에렉투스라는 인류의 조상이 등장했지.

호모 에렉투스는 '똑바로 선 인간'이라는 뜻이야. 중국의 베이징, 인도네시아의 자바, 독일의 하이델베르크에서 호모 에렉투스의 유골이 발굴됐어. 그들은 주먹 도끼 같은 도구를 사용했고, 베이징인은 불을 사용할 줄도 알았다고 해. 그러나 아직은 원숭이 티를 벗지 못한 인간이었어.

다시 세월이 흘러 20만 년쯤 전, 오늘날의 인류와 비슷한 호모 사피엔스가 등장했어.

호모 사피엔스는 '슬기로운 사람'이란 뜻이야. 중부 유럽 지역에서 살았고 겉모습은 호모 에렉투스와 비슷했어. 하지만 두뇌는 오늘날의 인간과 거의 같았다고 해. 이들을 네안데르탈인이라고 하지. 네안데르탈인은 정교한 석기를 만들어 사용했으며 시체를 매장할 줄도 알았단다.

마지막 빙하기가 끝나 갈 무렵인 4만 년 전, 마침내 오늘날 인류의 직접적인 조상이라고 할 수 있는 호모 사피엔스 사피엔스가 지구에 모습을 나타냈단다.

호모 사피엔스 사피엔스는 '매우 슬기로운 인간'이라는 뜻이지. 프랑스의 크로마뇽인, 이탈리아의 그리말디인, 중국의 상동인이 바로 호모 사피엔스 사피엔스야. 그들은 복잡한 도구를 만들어 사용했고 원시적인 종교도 있었단다. 또 크로마뇽인은 동굴 안에 벽화를 남기기도 했지.

크로마뇽인

크로마뇽인은 오늘날의 인류와 가장 닮았어. 특히 유럽 사람들과 가장 비슷하게 생겼지. 프랑스의 크로마뇽 동굴에서 발견했기 때문에 '크로마뇽인'이라고 부른단다.

우리나라의 대표 구석기 유적지

- 웅기 굴포리 유적
- 백두산
- 덕천 승리산 동굴
- 평양 만달리 유적
- 상원 검은모루 동굴
- 평산 해상 동굴
- 연천 전곡리 유적
- 제원 점말 동굴
- 단양 수양개·상시 동굴
- 청원 두루봉 동굴
- 공주 석장리 유적
- 제주 빌레못 동굴

우리나라에는 언제부터 사람이 살았을까?

지구의 나이를 알아보고 인류의 조상이 살아온 자취도 더듬어 보았으니, 이번에는 우리나라로 눈길을 돌려 보자꾸나. 우리나라에는 언제부터 사람이 살기 시작했고, 그들은 어떻게 살았을까?

지금 우리가 살고 있는 한반도와 만주 일대에도 일찍부터 사람이 살았어. 1972년 평안남도 덕천군 승리산 동굴에서 사람의 어금니 두 개와 어깨뼈 하나가 발굴되었어. 이는 최초의 인간보다 약간 진화된 인종의 모습이라고 해. 덕천에서 발견되었기 때문에 그 사람을 '덕천인'이라고 부르지.

그밖에 경기도 연천의 전곡리, 충청남도 공주의 석장리, 충청북도 단양의 상시 동굴, 함경북도 웅기군의 굴포리, 평안남도 상원의 검은 모루 동굴 등에서 동물 화석과 함께 주먹 도끼, 찍개와 같은 구석기 시대의 뗀석기 유물이 발견되었단다. 그래서 한반도에 원시 인류가 살기 시작한 것을 약 70만 년 전 구석기 시대부터라고 보고 있지.

70만 년 전이라면 아주 아득한 옛날이지. 그럼 지구의 나이 46억 년을 하루라고 보고, 사람이 지구에서 살기 시작한 것이 언제쯤인지 한번 생각해 보도록 할까?

먼저 땅에서 동식물이 살기 시작했을 때는 오후 10시가 넘어서란다. 그로부터 조금 시간이 지난 10시 24분쯤엔 곤충이 날아다니기 시작했어.

또 공룡이 등장한 것은 오후 11시쯤이야. 공룡은 약 45분간 지구를 지배하다 사라졌어. 그리고 마침내 원시 인류가 등장하게 된단다. 11시 58분 43초에 말이야.

어떠니? 이렇게 견줘 보면 지구의 나이에 비해 사람이 지구에 살기 시작한 것은 아주 최근의 일이라는 것을 알 수 있겠지?

다시 큰 변화가 일어나다

한반도에 원시 인류가 살기 시작한 것을 약 70만 년 전인 구석기 시대부터라고 했지. 그 구석기 시대는 아주 오랫동안 계속됐어. 그러다가 약 1만 년 전쯤 지구

찍개 찍개는 인류가 최초로 사용한 석기였어. 또 구석기 시대에 가장 널리 사용했던 돌연장 가운데 하나였지. 돌의 한 면을 떼어 내서 만든 뗀석기로, 물건을 찍을 때 썼기 때문에 '찍개'라고 불러.

주먹 도끼
주먹 도끼는 우리나라뿐 아니라 인도, 유럽 대륙과 아프리카 대륙 등 전 세계에서 발견되고 있는 구석기 시대의 유물이야. 한 손으로 쥘 수 있는 크기에, 한쪽이 뾰족하게 생겼어.

환경에 큰 변화가 일어났단다. 추운 빙하기가 끝나고 날씨가 따듯해지기 시작했던 거야.

그때까지 우리나라는 중국이나 일본과 한데 붙어 있는 커다란 땅덩이였어. 그런데 날씨가 따듯해지면서 얼음이 녹아내렸어. 그리고 강물과 바닷물이 불어나 낮은 곳이 물에 잠겼지. 그 바람에 황해와 대한 해협이 생겨나서 오늘날 우리가 살고 있는 한반도가 되었단다.

살아남기 위해서는 인류도 새로운 환경에 적응해야 했어. 인류는 동물을 사냥하기 위해 돌을 정교하게 갈고 다듬어서 간석기를 만들었단다. 이른바 '신석기 시대'가 시작된 거야.

신석기 시대의 가장 큰 변화는 뭐니 뭐니 해도 인류가 농사를

좀돌날몸돌
구석기 시대 후기에 만든 좀돌날몸돌이야. 용암이 굳어서 생긴 흑요석으로 만들었지. 흑요석은 유리처럼 반들거리는 데다 돌의 날을 뾰족하게 만들기도 쉬웠어. 사진 속의 유물은 돌날을 만들고 남은 몸돌 부분이란다.

짓고 짐승을 기르기 시작했다는 거야.

농사를 처음 시작한 곳은 서남아시아의 평야 지대였지. 그 후 나일 강, 인더스 강, 황허 강 유역으로 점차 번져 나갔어. 그들은 보리·밀·콩 등을 재배했고, 이 시기에 개·돼지·양 등도 기르기 시작했단다.

그러나 모든 지역에서 농사를 지었던 것은 아냐. 농사를 짓지 않아도 먹을거리가 풍부한 아프리카나 남아메리카의 일부 지역에서는 여전히 채집과 사냥으로 먹을거리를 얻었지. 또 중앙아시아의 초원 지대에서는 풀을 따라 이동하면서 가축을 기르는 유목 생활을 했어.

갈돌과 갈판
갈돌과 갈판은 곡식 등을 갈 때 쓰는 도구였어. 돌로 만든 갈판에 곡식이나 열매를 올리고 갈돌로 밀었지. 신석기 시대뿐 아니라 청동기 시대까지 사용했어.

뒤지개
신석기 시대에 사용한 돌 연장이야. 풀뿌리를 캐거나 땅을 고르는 데 썼지. 인류가 농사를 짓기 시작하면서 뒤지개와 같은 도구의 필요성은 점점 더 중요해졌고, 점점 더 발달한 형태로 바뀌었단다.

농사를 짓게 되면서 인류의 생활에도 커다란 변화가 일어났단다. 먼저 사람들이 한곳에 머물러 살게 되었어. 그러자니 집도 지어야 했지. 땅을 파서 기둥을 세우고 그 위에 지붕을 얹어 만든 집이야. 이런 집을 '움집'이라고 해.

간석기를 이용한 사냥 도구와 농사 도구도 여러 종류를 만들었고 모양도 정교해졌어. 사냥을 위해 돌을 갈아 창과 활을 만들었지. 또 그물과 작살, 뼈로 만든 낚시로 물고기를 잡았어. 가락바퀴로 실을 뽑아 뼈바늘로 옷을 만들어 입기도 했지.

또 돌괭이나 돌보습 같은 농기구를 만들어 농사를 짓고, 돌갈판에 곡식을 갈아 음식을 만들어 먹었어. 그뿐이 아냐. 이 시대에는 무척 재미있게 생긴 토기도 만들었어. 토기 바깥에 빗살무늬가 있고 밑은 뾰족하게 생겼지. 그래서 이름이 '빗살무늬 토기'야. 토기 밑부분이 뾰족한 이유는 모래밭과 같은 곳에 쉽게 세우기 위해서였단다. 사람들은 음식을 끓여 먹고, 생산한 식량을 토기에 저장하기도 했지. 구석기 시대보다 인류의 생활이 한결 나아지게 된 거야.

신석기 시대는 혈연을 바탕으로 이루어진 씨족 사회로, 경험이 많은 연장자가 씨족을 이끌었어. 그 후 인구가 늘면서 몇 개의 씨족이 모여 마을을

빗살무늬 토기
빗살무늬 토기는 신석기 시대를 대표하는 토기야. 바닥이 뾰족하고 겉에 빗살처럼 홈이 파인 무늬가 있어. 그래서 '빗살무늬 토기'라고 이름을 붙였지.

우리나라의 대표 신석기 유적지

- 웅기 굴포리 유적
- 백두산
- 온천 궁산리 유적
- 봉산 지탑리 유적
- 양양 오산리 유적
- 서울 암사동 유적
- 하남 미사동 유적
- 부산 동삼동 유적
- 제주 고산리 유적

이루는 부족 사회가 되었단다.

그럼 우리나라에서는 언제 신석기 시대가 시작되었을까? 기원전 8000년쯤으로 보고 있어. 큰 강 유역이나 바닷가 등 한반도의 여러 지역에 신석기 유적지가 고루 퍼져 있거든.

그 가운데 가장 오래된 곳은 제주 한경의 고산리 유적이야. 또 강원 양양의 오산리, 부산 동삼동, 서울 암사동 등도 대표적인 신석기 유적지란다. 이들 유적지에서는 세계의 다른 신석기 유적지와 마찬가지로 간석기와 뼈낚시, 돌괭이와 돌갈판 등이 발견되고 있어. 특히 부산 동삼동 유적지에서 발견된 토기 표면에는 기장과 조에 눌린 자국도 있었어. 이것은 그 무렵 기장과 조 같은 잡곡이 생산됐다는 사실을 말해 주는 거지.

석기 시대 사람들은 어떻게 살았을까?

이번에는 구석기 시대 사람들과 신석기 시대 사람들의 생활에 대해 좀 더 자세히 알아보자꾸나.

사람이 살아가기 위해 해결해야 할 가장 급한 문제는 무엇일까? 먹을거리와 잠자리를 마련하는 일 아니겠니?

원시 시대 사람들은 오늘날의 우리보다 그 두 문제를 해결하는 일이 더 급하고 중요하고 어려웠을 거야. 어쩌면 먹을거리와 잠자리 문제를 해결하기 위해 거의 모든 노력을 기울이지 않았을까 생각돼.

아직 집을 지을 줄 몰랐던 구석기 시대 사람들은 동굴을 잠자리로 이용했지. 동굴은 추위와 비바람을 막아 주고 맹수의 공격도 피할 수 있어 아주 좋은 잠자리였어.

그럼 먹을거리는 어떻게 구했을까?

주로 채집과 사냥을 통해서 얻었어. 동굴 속에서 자고 일어난

구석기 시대 사람들의 삶
구석기 시대 사람들이 어떻게 살았는지를 한눈에 보여 주는 복원품이야. 구석기 시대 사람들은 아직 집을 짓지 못하고 동굴 속에서 살았어. 또 가축을 기르지 않고 사냥해서 잡아먹었지. 도구는 돌을 꽝꽝 깨서 만든 뗀석기를 썼단다. _한성백제박물관

사람들은 날이 밝으면 밖으로 나와 먹을 것을 찾았지. 여자들은 주변의 산과 들을 다니며 나무 열매를 따거나 식물의 뿌리를 캐 오고, 남자들은 더 깊은 산속으로 들어가 짐승을 사냥하거나 강에서 물고기를 잡았을 거야.

몸집이 작고 힘도 약한 사람이 큰 짐승을 잡은 것은 쉬운 일이 아니었을 테지. 그래서 간단한 도구를 만들었어. 뗀석기는 바로 구석기 시대 사람들이 만들어 사용했던 도구야. 돌을 깨뜨리거나 부딪쳐서 날카롭게 만들었지.

구석기 시대 사람들은 이 도구로 짐승을 사냥하고, 식물의 뿌리를 캐거나 다듬고, 나무를 자르거나 구멍을 파는 등 여러모로 유용하게 사용했단다. 뗀석기는 구석기 시대 유적지에서 많이 발견되고 있어.

슴베찌르개
'슴베'란 칼이나 화살 같은 무기에 꽂는 뾰족한 부분을 말해. '슴베찌르개'는 '슴베를 꽂아서 사용하는 찌르개'란 뜻이지. 구석기 시대에 사용한 도구였어.

채집과 사냥으로 얻은 먹을거리는 동굴에 함께 사는 사람들이 공평하게 나누어 먹었지. 그러지 않으면 먹을거리를 구하지 못한 사람은 굶어 죽게 되거든. 누군가 죽는다는 것은 함께 사는 사람들 전체의 힘을 약하게 만드는 일이야. 그래서 모두가 더불어 잘 살아갈 수 있도록 노력했단다.

긁개 구석기 시대에 사용했던 돌연장이야. 사냥한 동물의 고기를 손질하거나 가죽을 다듬을 때 썼어. 또 나무껍질 같은 걸 벗겨 낼 때도 썼지. 긁개는 구석기 시대의 전 시기에 걸쳐 발견되고 있어.

구석기 시대는 이처럼 구성원들이 함께 일하고 먹을거리를 공평하게 나누며 살아가는 평등 사회였어.

구석기 시대 사람들은 한곳에서만 계속 머물러 살지 않았어. 살고 있는 동굴 주변의 먹을거리가 떨어지고 날씨가 추워지면, 먹을거리를 구하기 쉽고 따뜻한 곳을 찾아 옮겨 다니는 이동 생활을 했어.

이와 같은 구석기 시대는 앞에서 이야기한 것처럼 70만 년 동안이나 계속됐어. 그러다가 약 1만 년 전, 지구 환경의 변화로 날씨가 따뜻해지면서 신석기 시대가 시작되었지.

구석기 시대 사람들은 채집과 사냥으로 먹을거리를 얻었지만, 신석기 시대 사람들은 마침내 농사를 지어 먹을거리를 얻기 시작했어.

그럼 신석기 시대 사람들은 어떻게 농사지을 생각을 하게 되

신석기 시대 사람들의 삶
신석기 시대 사람들이 어떻게 살았는지를 한눈에 보여 주는 복원품이야. 신석기 시대에는 동굴에서 벗어나 움집을 짓고 살았어. 또 가축을 기르고 농사를 시작했지. 도구는 돌을 갈아서 만든 간석기를 썼단다. _한성백제박물관

신석기 시대의 움집
신석기 시대의 움집 속을 복원한 모습이야. 땅을 파서 기둥을 세우고 지붕을 엮어 올린 걸 확인할 수 있지. 바닥에 꽂아 놓은 빗살무늬 토기가 보이니? 토기 안에는 농사를 짓고 수확한 농작물이 담겨 있단다.

었을까? 아마 먹다 버린 식물의 씨앗이 땅에 떨어져 싹이 트고, 자라서 열매 맺는 것을 보며 농사지을 생각을 하게 됐을 거야.

농사를 짓게 되면서 생활도 크게 변했지. 먹을거리가 넉넉한 곳을 찾아 이곳저곳 떠돌며 살던 구석기 시대 사람들과 달리, 신석기 시대 사람들은 한곳에 머물며 살아가게 되었어. 그래야 농사를 지을 수 있으니까.

신석기 시대 사람들이 자리 잡은 곳은 강가나 바닷가처럼 물이 풍부한 곳이었어. 농사를 지으려면 물을 쉽게 얻을 수 있어야 되니까. 그래서 강가나 바닷가에는 농사를 짓기 위해 모여든 사람들로 자연스럽게 마을이 이루어졌단다.

그 무렵부터 가축도 기르기 시작했어. 기른 가축은 잡아먹기

가락바퀴

실을 잣는 데 썼던 신석기 시대의 도구야. 가운데 구멍에 막대기를 꽂아서 실을 감았어. 가락바퀴는 주로 돌이나 뼈 또는 흙을 빚어서 만들었는데, 이 유물은 흙으로 빚은 뒤에 구운 것이란다.

도 하고, 길들여서 짐을 운반하거나 사냥하는 데 이용하기도 했지. 신석기 시대 사람들이 처음 기른 가축은 개였다고 해.

동굴 속에서 살던 구석기 시대 사람들과 달리 신석기 시대 사람들은 집도 짓게 되었지. 땅을 파서 기둥을 세우고, 그 위에 지붕을 얹어 지은 신석기 시대의 움집에 대해서는 앞에서도 이야기했지? 또 간석기를 이용해서 만든 사냥과 농사 도구에 대해서도 앞에서 이미 이야기했으니 되풀이하지 않을게.

그럼 신석기 시대 사람들과 구석기 시대 사람들의 옷차림은 어떻게 달랐을까?

구석기 시대 사람들은 사냥해서 잡은 동물의 가죽으로 옷을 만들었지만, 신석기 시대 사람들은 식물에서 실을 뽑아 옷감을 짜서 옷을 만들었어. 삼이라는 식물의 겉껍질을 벗겨 내고, 하안 속껍질을 가늘게 쪼개 가락바퀴로 꼬아 실을 만들었지. 그리고 그 실로 옷감을 짜서 뼈로 만든 바늘로 옷을 만들었던 거야.

멋지게 옷을 만들어 입었으니 그다음에 한 일은 무엇이었겠니? 멋을 부리는 일 아니었겠어. 무엇으로 멋을 부렸느냐고? 조개껍데기로 만든 팔찌와 목걸이, 동물의 송곳니로 만든 발찌 등으로 치장해서 멋을 부렸지.

여자들뿐 아니라 남자들도 발찌와 목걸이 같은 장신구를 했단다. 그런 장신구는 단순히 멋을 부리기 위한 것뿐 아니라 행운을 비는 마스코트의 의미도 있었어.

게다가 신석기 시대에는 인구가 크게 늘어났단다. 개량된 농사 도구와 농업 기술의 발달로 수확량이 늘어, 먹을거리를 안정적으로 얻을 수 있게 되었기 때문이지.

조가비 탈 부산의 조개더미 유적에서 발견한 신석기 시대의 탈이야. 조가비, 곧 조개껍데기에 사람의 눈·코·입처럼 생긴 구멍을 뚫었지. 제사나 축제 때 쓰기 위해 만든 것으로 보고 있어.

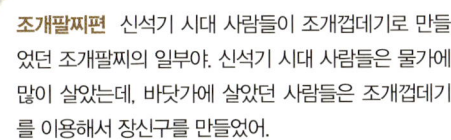

조개팔찌편 신석기 시대 사람들이 조개껍데기로 만들었던 조개팔찌의 일부야. 신석기 시대 사람들은 물가에 많이 살았는데, 바닷가에 살았던 사람들은 조개껍데기를 이용해서 장신구를 만들었어.

뼈구슬 신석기 시대 사람들은 이것저것 장신구를 만들어 꾸밀 줄 알았던 멋쟁이였어. 사진 속 유물은 뼈를 갈아 만든 뼈구슬이야. 자세히 보면 여기저기 구멍 뚫린 곳이 보이는데, 여기에 끈을 꿰어 장신구로 썼어.

2

청동기 시대와 고조선

지금부터 시작할 이야기는 우리 겨레 첫 나라인 고조선의 이야기란다. 고조선은 청동기 문명을 바탕으로 세운 나라였어. 청동기는 인류 생활에 아주 커다란 변화를 가져왔지. 또 이전까지의 역사는 유물이나 유적을 통해서만 파악할 수 있지만, 이 시대에 이르면 문자로 기록된 우리나라의 역사를 확인할 수 있게 된단다. 자, 이제 고조선으로 여행을 떠나 볼까?

청동기 시대와 고조선

2

우리 조상이 처음 세운 나라 고조선 | 청동기가 몰고 온 변화 | 8조의 법으로 다스린 고조선

참성단
강화도의 '마니산 참성단'을 복원한 모습이야. 단군이 하늘에 제사를 올렸던 곳이지. 고려 시대와 조선 시대에도 참성단에서 하늘에 제사 드린 적이 있다고 하는구나.

우리 조상이 처음 세운 나라 고조선

《삼국유사》라는 책에 전하는, 단군왕검이 우리 역사상 최초의 나라 고조선을 세운 이야기를 알고 있니? 아마 알 만한 사람은 다 알고 있을 테지만, 어디 한번 살펴보자꾸나.

옛날에 환인의 아들 환웅이 나라를 다스리고 싶어 인간 세상을 자주 내려다보았다. 환인이 아들의 뜻을 알고 땅 위의 세상을 두루 내려다보니 태백산(지금의 백두산) 지역이 '인간들에게 큰 도움을 줄' 만했다. 이에 천부인(하늘이 준 증표) 세 개를 주어 내려보내 그곳을 다스리게 했다.

환웅은 무리 3천 명을 이끌고 태백산 꼭대기 신단수 아래로 내려와 그곳을 신시라 일컫고, 스스로를 환웅천왕이라 했다.

환웅천왕은 바람을 다스리는 신하(풍백)와 비를 다스리는 신하(우사), 구름을 다스리는 신하(운사)에게 농사와 수명, 질병, 형벌, 선악 등 인간 살이에 관한 360여 가지 일을 맡아 다스리게 했다.

그때 곰 한 마리와 호랑이 한 마리가 같은 굴에서 살았는데, 항상 신령스러운 환웅에게 사람이 되기를 빌었다. 환웅은 그들에게 신령한 쑥 한 자루와 마늘 스무 개를 주면서 말했다.

"너희가 이것을 먹고 백 일 동안 햇빛을 보지 않으면 사람의 모습을 얻으리라."

곰과 호랑이는 쑥과 마늘을 먹으면서 동굴 생활을 시작했다. 그러나 호랑이는 견디지 못하고 중간에 동굴에서 뛰쳐나가고, 곰은 잘 참고 견디어 삼칠일(21일) 만에 여자가 되었다.

여자가 된 곰(웅녀)은 혼인할 대상이 없어 늘 신단수 아래에서 아이를 낳게 해 달라고 빌었다. 이를 본 환웅천왕이 잠시 사람으로 모습을 바꾸어 웅녀와

단군
우리 겨레 첫 나라 고조선을 세운 단군의 영정이야. 고조선은 기원전 2333년에 세운 나라였지. 도읍은 아사달이었는데, 정확한 위치는 알 수 없어. 평양 가까이 있는 백악산이나 황해도의 구월산으로 보고 있지.

요령식 동검
우리나라의 청동기 문화는 동검을 기준 삼아 크게 둘로 나눌 수 있어. 먼저 시작된 '요령식 동검'과 이후에 시작된 '한국식 동검'이야. 요령식 동검은 고조선의 특징적인 유물이라고 할 수 있지. 몸체가 비파처럼 생겨서 '비파형 동검'이라고 부르기도 해.

혼인해서 아들을 낳았다. 그분이 바로 단군왕검이다.

단군왕검은 아사달에 도읍을 정하고 나라를 세워 이름을 조선이라 했다.

혹 이 이야기에 대해서 '말도 안 돼! 곰이 어떻게 사람이 돼!' 하고 생각하는 사람도 있을지 모르겠어. 그렇지만 이야기에 숨어 있는 속뜻을 안다면 조금 생각이 달라질걸.

먼저 환웅이 바람, 비, 구름을 다스리는 신하를 데리고 인간 세상에 내려왔다는 뜻을 알아볼까?

그것은 그 당시 사람들이 농사를 매우 중요하게 여겼다는 것을 말해 주고 있어. 바람, 비, 구름은 농사에 큰 영향을 미치는 자연 현상이니까.

그럼 환웅이 하늘에서 내려왔다는 것은 무슨 뜻일까?

그것은 그가 집단의 새로운 지배자이거나 새로 나타난 집단의 지배자라는 뜻이지. 다른 곳에서 이주해 온 집단을 하늘이나 남자로, 본래 그 지역에서 살고 있던 집단을 땅이나 여자로 표현하는 것은 그 당시에 흔히 있었던 일이거든. 그리고 자신들의 권위를 내세우기 위해 하늘의 권위를 빌려 온 것이라고 할 수 있어. 세력이 강한 집단은 흔히 자신들을 하늘의 권위와 연결시켰거든.

또 환웅과 웅녀가 혼인했다는 것은 두 집단의 결합을 의미해. 환웅 부족과 곰을 섬기는 부족의 결합 말이야. 그러니까 단군왕검은 환웅 집단과 곰을 섬기는 집단이 결합해서 세운 나라의 우두머리였던 거지.

어때, 이만하면 단군 신화에 숨겨져 있는 속뜻을 이해할 수 있겠니?

이번에는 '단군왕검'이라는 이름이 품고 있는 뜻을 알아보도록 할까?

단군은 제사를 주관하는 제사장을 뜻해. 그리고 왕검은 정치적 지배자를 뜻하지. 그러니까 단군왕검은 제사와 정치를 어우르는 최고의 지배자였어. 당시 제사는 정치 못지않게 지배자가 권력을 행사하는 중요한 수단이었기 때문이야.

한국식 동검
한국식 동검은 오늘날의 우리나라, 곧 한반도에서 주로 발견되고 있는 동검이야. 요령식 동검보다 나중에 생겨난 동검으로 '세형 동검'이라고 부르기도 해.

2. 청동기 시대와 고조선 | 35

청동기 시대 사람들이 제사 드리는 모습

《삼국유사》에는 또 하나의 순 거짓말 같은 이야기가 나오지. 단군왕검이 1,908살까지 살았다는 이야기가 나오거든. 사람이 그렇게 오래 살 수는 없는 일 아니겠니?

그럼 이 이야기는 어떻게 이해해야 될까?

그것은 단군왕검이 고조선을 세운 한 사람의 이름이 아니라, 최고의 지배자를 뜻하는 말이라고 이해하면 돼. 그러니까 단군왕검 1대, 단군왕검 2대, 단군왕검 3대…… 이렇게 여럿이 대를 이어 나라를 다스렸다는 뜻이야.

청동기가 몰고 온 변화

인류가 사용한 도구를 기준으로 시대를 구분할 때는 구석기 시대, 신석기 시대 그리고 청동기 시대로 나눌 수 있어.

청동기는 돌이나 동물의 뼈 등으로 만든 석기 시대의 도구보다 훨씬 만들기 어렵고 까다로웠어. 산에서 구리와 주석을 캐서 뜨거운 불에 녹여 쇳물을 만든 다음, 미리 모양을 만들어 놓았던 거푸집에 부어 만든 도구가 청동기야. 이렇게 청동기를 만들어 사용하던 시기를 청동기 시대라고 해.

청동 도끼 거푸집
거푸집이란 만들고 싶은 물건의 틀을 말해. 돌로 만든 거푸집에 펄펄 끓는 청동을 부어서 식히면 청동기가 완성된단다.

청동기는 만들기 어려울 뿐 아니라 재료도 충분히 생산되지 못했어. 그래서 지배 계층이 무기나 장식품으로 주로 사용했단다. 청동기 시대라고 해도 농기구나 생활 도구는 여전히 간석기나 나무로 만든 것을 사용했다는 뜻이야.

한반도와 만주 지역에서 청동기가 사용되기 시작한 것은 기원전 2000년에서 1500년쯤으로 보고 있어. 그 무렵은 석기 시대에 견주어 농업도 크게 발달했지.

부채 모양 청동 도끼
이 유물은 도끼날 부분이 부채처럼 생겨서 '부채 모양 청동 도끼'라고 불러. 이렇게 생긴 도끼날은 주로 요령식 동검과 같은 지역에서 발굴되고 있어.

청동기의 사용과 농업의 발달은 인류 생활에 커다란 변화를 가져왔어. 사람들은 농사를 짓기 위해 큰 강 주변에 모여 살기 시작했지. 또 홍수가 나거나 가뭄이 들면 농사를 짓기 어려웠기 때문에, 둑을 쌓고 물을 끌어다 쓸 수 있는 물길도 만들었단다. 그런 일을 하기 위해서는 사람이 많이 필요했어. 그래서 부족 사이에 통합이 이루어졌지.

또 농업 생산물이 많아져서 개인이 가진 재산이 늘어났어. 그리고 잘살고 못사는 사람들의 차이가 커지면서 지배하는 계급

● 고인돌은 어떻게 만들었을까?

우리나라에서는 세계에서 가장 많은 4만 기 이상의 고인돌이 발견됐어. 세계 여러 나라에서 발견된 고인돌의 40퍼센트에 해당되는 숫자야. 고인돌의 나라답게 고창과 화순, 강화에 있는 고인돌 무리는 2000년 12월 유네스코 세계 문화유산으로 지정되기도 했지.

고인돌은 청동기 시대를 대표하는 무덤으로 자그마한 것부터 덮개돌 무게가 수십 톤에 이르는 것까지 종류가 다양해.

무게가 수십 톤이나 되는 돌을 운반해서 고인돌을 만들려면 많은 인원을 동원해야만 되겠지. 그런 일은 큰 권력과 재산을 가진 지배자라야 할 수 있는 일이야. 그러니까 고인돌의 규모를 보면 그것이 얼마나 강한 힘을 가진 부족을 이끄는 족장의 무덤인가를 짐작할 수 있어.

고인돌 안에서는 돌칼, 토기, 돌화살촉 같은 유물이 발견되고 있어. 또 청동검이 나오는 경우도 있지. 청동검이 발견된다는 것은 그 무덤의 주인공이 청동검처럼 귀한 물건을 가질 만큼 큰 권력과 재산을 가진 사람이었다는 것을 말해 주는 거란다.

그럼 청동기 시대 사람들은 고인돌을 어떻게 만들었을까?

고인돌을 만드는 과정 먼저 아주 큰 바위에서 고인돌에 쓸 돌을 떼야 해. 그리고 통나무를 바닥에 깔고 돌을 밀어서 움직이지. 받침돌은 주변에 흙을 쌓아서 고정시켜 두고 말이야. 받침돌 위에 덮개돌을 올리고 흙을 치우면 고인돌이 완성된단다.

먼저 받침돌 두 개를 세울 만한 구덩이를 파고 그 안에 받침돌을 세운단다. 그다음은 구덩이를 메우고 또 땅 위로 솟아 있는 받침돌이 묻힐 만큼 흙을 더 쌓아 올리지.

이번에는 덮개를 얹을 차례야. 받침돌이 묻힐 만큼 흙을 쌓아 올렸다고 해도 그 위로 수십 톤이나 되는 덮개돌을 끌어 올리는 것은 쉬운 일이 아니었지. 그래서 꾀를 냈어. 통나무를 밑에 깔고 그 위로 덮개돌을 끌어 올리는 거야. 어때, 좋은 생각이지? 통나무가 구르면서 무거운 덮개돌을 훨씬 쉽게 끌어 올릴 수 있었을 테니까.

이제 일은 거의 끝난 거나 마찬가지란다. 덮개돌을 두 개의 받침돌 위까지 끌어 올린 다음에는, 받침돌이 묻힐 만큼 쌓아 올렸던 흙을 파내기만 하면 되니까. 마침내 고인돌이 완성된 거야.

탁자식 고인돌
고창고인돌박물관

과 지배받는 계급이 나타나게 되었어. 인구가 늘어나면서 마을의 규모도 점점 커졌고.

뿐만 아니라 청동기로 만든 무기를 가지고 이웃 부족을 공격해서 노예로 삼는 정복 활동이 활발하게 전개됐단다. 부족을 이끄는 족장은 정복 활동을 통해 강한 권력과 경제력을 가지게 되었지. 그 무렵에 만든 거대한 고인돌은 당시 지배 계층이 누렸던 권력과 부의 크기를 잘 말해 주고 있단다.

족장은 또 하늘에 대한 제사 등 종교 의식을 맡아 하면서 더욱 권위를 높였어. 그런 사회를 '제정일치 사회'라고 해. 힘이 강한 족장은 스스로를 하늘의 아들이라고 내세우며 주변의 부족을 통합해 나갔지. 그래서 부족의 규모가 점점 커지고 마침내 국가가 탄생

● 제정일치 사회

고대 사회에서는 종교가 생활의 중심에 자리 잡고 있었단다. 따라서 신에게 제사 드리는 일을 다른 어떤 일보다 중요하게 여겼어. 그래서 족장 등 집단의 우두머리가 신에게 제사 드리는 일을 맡아 했지. 이처럼 나라(집단)를 다스리는 일과 종교가 나뉘지 않고, 같은 인물(우두머리)에게 모여 있던 사회를 제정일치 사회라고 해.

청동기 시대 사람들의 삶
청동기 시대 사람들은 어떻게 살았는지를 보여 주는 복원 모형이야. 열심히 청동기를 만들고 있는 마을 사람들의 모습이 보이는구나. 또 집도 땅 위에 짓고, 옷도 가죽뿐 아니라 삼베 같은 천으로 만들어 입은 걸 확인할 수 있어.

하게 된 거야.

고조선은 이러한 시기에 등장한 우리나라 역사상 최초의 국가란다.

8조의 법으로 다스린 고조선

고조선에는 '8조의 법'이 있어서, 그것으로 나라를 다스리고 질서를 유지했단다.

8조의 법은 중국의 《한서》라는 책에 내용의 일부를 전하고 있어. 그것을 살펴보자꾸나.

첫째, 사람을 죽인 자는 즉시 죽인다.
둘째, 남을 다치게 한 자는 곡식으로 갚아야 한다.
셋째, 도둑질을 한 자는 노비로 삼는다. 노비를 면하고 용서받으려면 50만 전을 내야 한다.

이렇게 세 가지 항목이야. 이 8조의 법은 당시의 사회 모습을 엿볼 수 있게 해 주지.

> ● **고조선의 본래 이름**
>
> 우리나라 역사에는 '조선'이라는 이름을 가진 나라가 둘 있지. 단군왕검이 세운 '고조선'과 이성계가 고려를 멸망시키고 세운 '조선' 말이야. 그런데 단군왕검이 세운 나라도 본래 이름은 고조선이 아니라 그냥 조선이었어.
>
> 고조선이란 이름을 처음 쓴 사람은 일연이었어. 일연이 《삼국유사》에서 '고조선'이란 말을 사용했지.
>
> 그럼 일연은 단군왕검이 나라를 연 조선을 왜 고조선이라고 했을까? 나중에 이성계가 '조선'이라는 나라를 세울 것을 미리 알고, 두 나라를 구별하기 위해 그랬을까? 그렇지는 않아. 일연이 아무리 빼어난 스님이었다고 해도 먼 뒷날의 일을 어떻게 족집게처럼 알고 그랬겠니? 일연은 단군 조선에 이어 등장한 위만 조선을 구별하기 위해, 단군왕검이 나라를 연 조선 앞에 '옛 고(古)' 자를 붙여 '옛날 조선'이란 뜻의 고조선이라고 했던 거야.
>
> 조선은 '아사달'이란 우리말을 한자로 표현한 거고, '아사달'은 '해가 뜨는 나라'라는 뜻의 우리 옛말이란다.

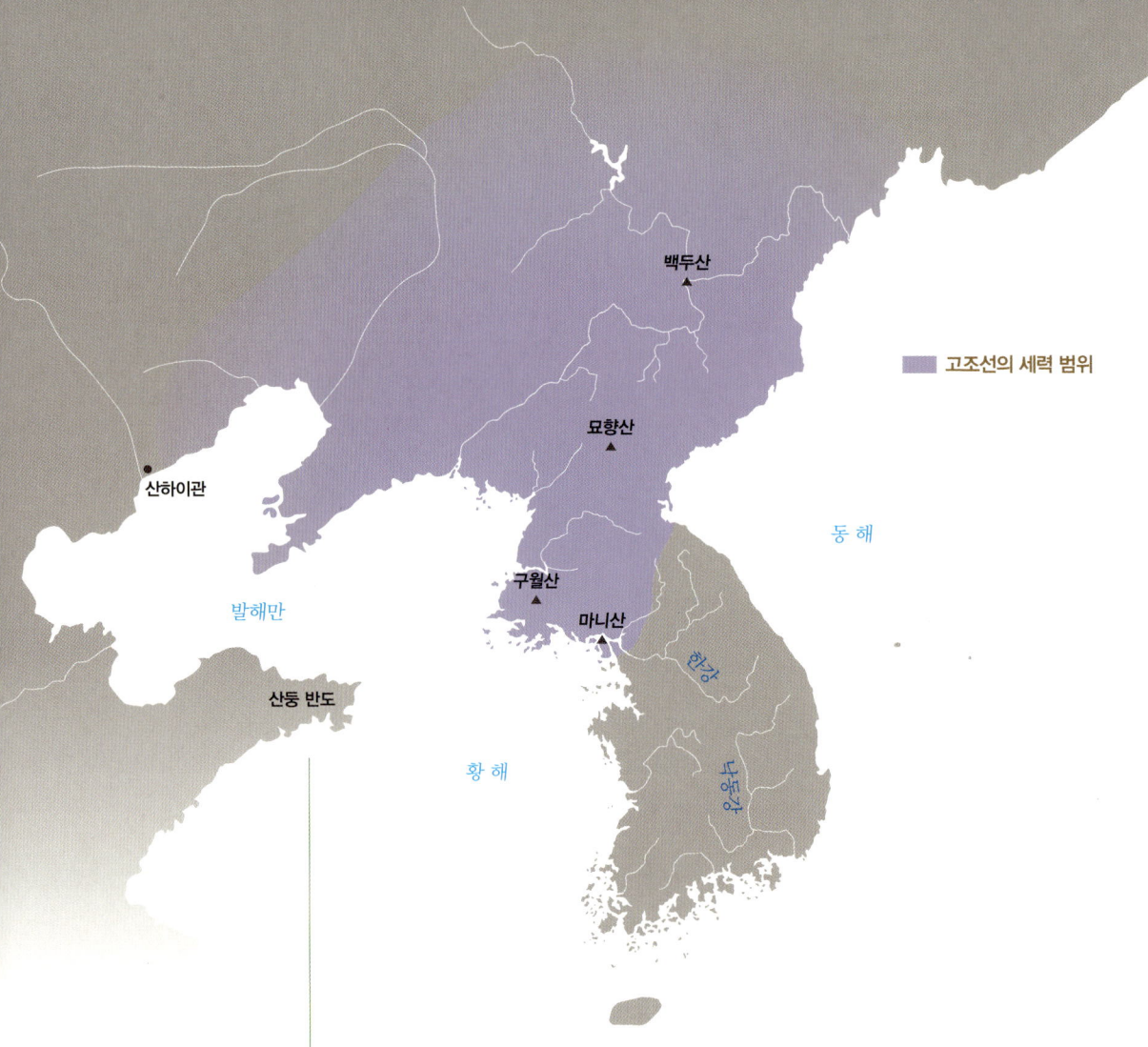

첫 번째의 '사람을 죽인 자는 즉시 죽인다.'는 내용은 개인의 생명을 귀하게 여기고 노동력을 중요시했다는 것을 말해 준단다.

두 번째, 곡식이 배상의 수단이었다는 것은 당시가 농경 사회였다는 것을 말해 주지. 만일 유목 사회였다면 짐승으로 갚게 했을 거야.

세 번째 항목은 개인의 재산을 인정하고 보호했다는 것과 노비를 부렸던 계급 사회였다는 것을 알 수 있게 해 주지.

그럼 고조선 사람들이 살아가던 모습에 대해 좀 더 알아보도록 하자.

앞에서도 이야기한 것처럼 고조선이 등장한 청동기 시대 사람들은 강가의 야산이나 구릉에 모여 마을을 이루고 살았어. 농업의 비중이 커지면서 주위를 개간하고 농사를 짓기 위해서였지.

개간한 땅에는 조·보리·콩 등을 심었고, 물을 댈 수 있는 낮은 지대에는 벼농사도 지었어. 신석기 시대 사람들도 마을을 이루고 살았지만 그때보다 마을의 규모가 더 커졌지. 그뿐 아니라 공동 작업장과 주거 시설, 창고 등 다양한 시설을 만들었단다.

농사짓던 모습도 엿보도록 할까?

사람들은 돌이나 나무로 만든 농기구로 밭을 갈아 곡식을 심고, 반달 돌칼로 이삭을 잘라 수확했단다. 수확한 곡식은 민무늬 토기 같은 데 보관해 두고 맷돌을 이용해서 갈아 먹었지.

집 짓는 기술도 신석기 시대보다 많이 발전했어. 집터는 대개 직사각형이었고, 움집은 차츰 땅 위로 올라와 반움집을 많이 지었지. 집 모양도 네모, 고깔 모양 등으로 훨씬 세련되고 다채로워졌단다.

또 습기를 없애기 위해 바닥을 불에 달궈

불탄 쌀
충청남도 부여의 송국리 유적에서 출토한 불탄 쌀이란다. '탄화미'라고도 부르지. 청동기 시대에 이미 쌀을 재배했을 만큼 농경 문화가 발달했다는 사실을 보여 주고 있어.

반달 돌칼
이삭을 자르는 데 썼던 반달 돌칼이야. 반달 모양이라 붙은 이름이지만, 네모난 모양이나 세모난 모양도 있었어. 가운데 구멍에 끈을 넣어서 손으로 쥐고 썼단다.

홈자귀
자귀란 나무로 만든 자루에 묶어서 썼던 농기구를 말해. 홈이 파여 있는 자귀를 '홈자귀'라고 부르지. 청동기 시대에 벼농사가 발달하면서 사용한 농기구 가운데 하나였어.

굳히고, 그 위에 나무껍질이나 짚으로 엮은 자리를 깔았지. 또 쪽구들을 놓아 난방도 했어. 집이 신석기 시대보다 땅 위로 올라와서 난방 시설을 해야 추위를 견딜 수 있었거든.

쪽구들이 뭐냐고?

커다란 돌을 뜨겁게 달궈 집 안 한쪽에 놓아두는 거야. 그럼 밤새도록 식지 않고 온기가 남아 있어 집 안이 따듯했거든.

이번에는 고조선 사람들이 입었던 옷과 신발에 대해서 알아보도록 할까?

옷은 삼베와 모직, 명주 등으로 만들어 입고 신발은 짚신을 신었어. 그러나 신분이 높은 사람은 가죽신을 신고 가죽으로 만든 모자도 썼지. 고조선에서 나는 표범과 호랑이 가죽은 중국에 수출할 정도로 질이 좋았다고 해.

먹을거리는 어땠을까?

사람들은 농사를 지어 얻은 곡물을 주식으로 삼았어. 그리고 산과 들에서 나는 여러 가지 나물, 강과 바다에서 잡은 물고기를 조리해서 반찬으로 먹었지. 또 소금과 콩을 발효시켜 만든 된장과 간장을 사용해서 음식을 만들 줄도 알았단다. 단군 신화에 나오는 쑥과 마늘도 널리 이용되는 반찬거리였지. 그뿐 아냐. 과일로 술을 빚어 먹을 줄도 알았다고 해.

음식은 나무로 만든 그릇과 흙으로 만든 토기에 담아 먹고, 짐승의 뼈나 나무로 숟가락을 만들어 사용하기도 했어.

지금까지 8조의 법으로 다스렸던 고조선 사람들이 어떻게 살았는지 알아보았어. 8조의 법은 그 후 사회가 복잡해지고 세상살이가 각박해지면서 60조로 늘어났지.

고조선을 탄생시킨 청동기 시대는 그렇게 지나가고 철기 시대가 시작됐어. 고조선은 청동기 시대부터 철기 시대에 이르기까지 오랫동안 이어졌던 나라였단다.

민무늬 토기
청동기 시대의 토기를 대표하는 민무늬 토기야. 아무런 무늬가 없어서 '민무늬'란 이름이 붙었어. 보통 붉은빛이 감도는 갈색으로, 팽이형·미송리식·화분형 토기로 나뉘지. _국립경주박물관

3

철기 시대와 위만 조선

석기 시대와 청동기 시대를 거친 인류는 비로소 '철기'를 손에 넣었어. 철기는 농사일에도 큰 도움이 되었고, 무기를 만드는 데에도 도움이 되었어. 위만 조선은 이처럼 철기를 바탕으로 성장한 나라였지. 철기를 사용한 고조선 사람들은 어떻게 살았는지, 또 고조선 이후의 우리 땅에는 어떤 나라가 생겼는지 알아보자꾸나.

철기 시대와 위만 조선

3

위만 조선은 철기 문화와 더불어 성장한 나라 | 안타깝게 멸망한 고조선 | 고조선에 이어 등장한 나라들

쌍두령 (국보 143-3)
양쪽 끝에 방울이 달려서 '쌍두령'이라고 불러. 제사와 같은 종교 의식에 썼던 물건이라고 추측하고 있단다.

위만 조선은 철기 문화와 더불어 성장한 나라

만주와 한반도에서 철기가 사용되기 시작한 것은 기원전 5세기 무렵부터야.

철은 청동기를 만드는 재료인 구리보다 구하기 쉬워서 많이 생산되었고, 또 단단해서 농기구를 만드는 데 널리 쓰였지. 그렇다고 예전부터 사용하던 석기나 목기, 청동기 등을 쓰지 않았던 것은 아냐. 다만 재료를 구하기 힘든 청동기는 철기의 등장과 함께 중요한 행사 때 사용하는 물품이나 장식품으로 주로 사용되었어.

철로 만든 괭이나 보습으로 땅을 깊이 파고 농사를 지으면서 농업 생산량이 크게 높아지고 인구도 늘어났지. 또 사회 규모도 그만큼 커졌어.

팔주령 (국보 143-2)

사방에 방울 여덟 개가 달려서 '팔주령'이라고 부르는 유물이야. 제사와 같은 종교 의식에 썼던 물건이라고 추측하고 있단다.

철은 농기구를 만드는 데에만 사용되었던 것이 아냐. 날카롭고 강한 무기를 만드는 데에도 널리 쓰였지. 그래서 철기를 잘 다루는 집단은 여러 가지 강력한 무기를 만들어 주변 지역을 정복해 나갔어. 그 당시는 농업 생산량과 인구가 크게 늘어나면서, 늘어난 곡물과 노동력을 빼앗기 위해 부족 사이의 전쟁이 잦았던 시절이었거든.

위만 조선은 이와 같은 철기 문화를 배경으로 성장한 국가였어.

기원전 206년 무렵, 고조선과 이웃한 중국에서는 전쟁이 끊

● 널무덤과 독무덤

청동기 시대 사람들은 '고인돌'이라는 독특한 무덤을 남겼어. 그리고 '널무덤'과 '독무덤'은 철기 시대의 대표적인 무덤이었어. 널무덤은 구덩이를 파고 나무로 만든 널에 시신을 넣고 묻은 무덤을 말해. 독무덤은 항아리 두 개를 옆으로 이어 그 안에 시신을 넣고 묻은 것이지.
청동기 시대에도 널무덤과 독무덤을 만들기는 했어. 그렇지만 철기로 만든 무기와 농기구, 여러 가지 모양의 토기 등 철기 시대의 유물이 많이 발견되고 있단다.

이지 않았어. 진시황이 세운 진나라가 멸망하고 한나라가 들어설 때까지 거의 5년 동안이나 전쟁이 계속됐지. 그래서 많은 사람이 전쟁을 피해 고조선으로 넘어왔단다.

중국 연나라에 살고 있던 위만도 그 무렵 천여 명을 거느리고 고조선으로 왔어. 그는 올 때 상투를 틀고 조선 옷을 입고 있었다는구나. 그래서 위만을 중국 사람이 아닌, 연나라에 살던 고조선 사람이라고 생각하기도 해.

당시 연나라에는 고조선계 주민이 많이 살고 있었어. 흰옷을 입고 상투를 트는 것은 우리 민족의 풍습이었지.

그때 고조선은 준왕이 다스리고 있었어. 준왕은 위만을 크게 신임해서 박사라는 벼슬을 내줬어. 그리고 서쪽 땅 백여 리를 주어 다스리게 했단다. 그러나 위만은 준왕의 믿음을 배신했어. 몰래 세력을 키워 준왕을 몰아내고 스스로 왕이 된 거야. 기원전 194년의 일이었지.

위만은 왕이 된 후에도 조선이라는 나라 이름을 그대로 사용했어. 또 고조선에 살던 토착민이 예전과 마찬가지로 높은 벼슬에 오를 수 있게 했지.

위만의 세력은 점점 강해졌어. 그 무렵은 철기 문화가 꽃피기 시작하던 때였거든. 그래서 철로 만든 농기구로 많은 농산물을 생산하고, 철로 만든 무기로 무장한 강한 군대를 거느릴 수가 있었지.

위만 조선은 이처럼 철기 문화를 배경으로 성장한 국가란다.

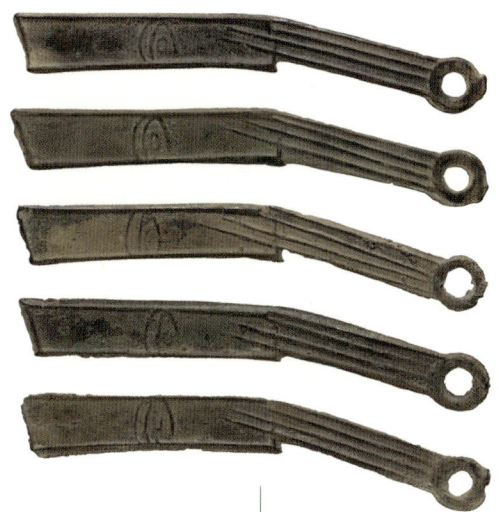

명도전
명도전은 칼처럼 생긴 중국의 화폐야. 춘추 전국 시대(기원전 770~기원전 221년)에 만든 것으로, 고조선의 무역 활동을 보여 주는 증거란다.

안타깝게 멸망한 고조선

위만 조선은 위만의 손자인 우거왕 때 더욱 강해졌어.

그 무렵 한반도 남쪽에는 진국이, 중국에는 한나라가 있었어. 고조선의 우거왕은 두 나라가 직접 연결되는 것을 막았지. 그리고 두 나라 사이의 중계 무역권을 독점해서 많은 경제적 이득을 얻었어. 또 한나라의 영향력에서 벗어나기 위해 북방의 흉노와 손을 잡고 세력을 키워 나갔어.

오수전
중국 한나라에서 만들었던 화폐야. 한나라 때부터 수백 년간 사용되었지. 오수전은 고조선에서 활발한 무역이 벌어졌음을 알려 준단다.

위만 조선의 성장에 위협을 느낀 한나라 무제는 사신을 보내 한나라의 속국이 되라고 요구했단다. 한나라의 영향력에서 벗어나기를 원했던 우거왕이 그런 요구를 받아들일 리 있었겠니?

한나라 사신 섭하는 자기 나라로 돌아가는 길에 배웅 나온 고조선의 사신 비왕 장을 죽여 버렸어. 그리고 고국으로 돌아가

3. 철기 시대와 위만 조선 | 51

무제에게 그러한 사실을 이야기했지. 무제는 섭하를 칭찬하며 그에게 요동동부도위라는 벼슬을 주었어. 이는 요동을 지키는 벼슬자리였지.

우거왕은 크게 분개했어. 그래서 군대를 보내 요동성을 기습 공격하고 섭하를 잡아 죽였어.

한나라 무제는 속으로 잘됐다고 생각했지. 일이 바라던 대로 된 거야. 그렇지 않아도 고조선을 공격할 구실을 찾고 있었는데 기회가 온 거였지.

한나라 군대는 육지와 바다 양쪽에서 쳐들어왔어. 누선 장군(수군을 이끄는 관직) 양복이 이끄는 군사 7천은 산둥 반도에서 배를 타고 황해를 건넜고, 좌장군 순체가 이끄는 육군 5만은 요동을 지나 공격해 왔어.

이에 맞서 고조선은 노련한 군대를 바닷가와 육지에 배치했어. 그리고 한나라 군대가 도착하자마자 기습 공격을 펼쳤어. 고조선의 군대쯤 단숨에 무너뜨릴 수 있다고 자신만만해하던 한나라 군대는 크게 패했지.

한나라 무제는 패배를 설욕하기 위해 자신이 직접 전쟁에 나섰지만 쉽게 전세를 역전시키지 못했어. 고조선 사람들은 한나라 군대에게 포위된 왕검성 안에서 성문을 굳게 걸어 잠그고 맞서 싸웠어.

시간이 흐를수록 한나라 군대는 점점 사기가 떨어졌지. 한나

청동 쇠뇌
쇠뇌란 화살 쏘는 곳을 쇠로 만든 활을 말해. 보통 활과 달리 화살 여러 대를 잇달아 쏠 수 있다는 장점이 있지. 우리나라에서는 주로 낙랑 무덤에서 발견되고 있어.

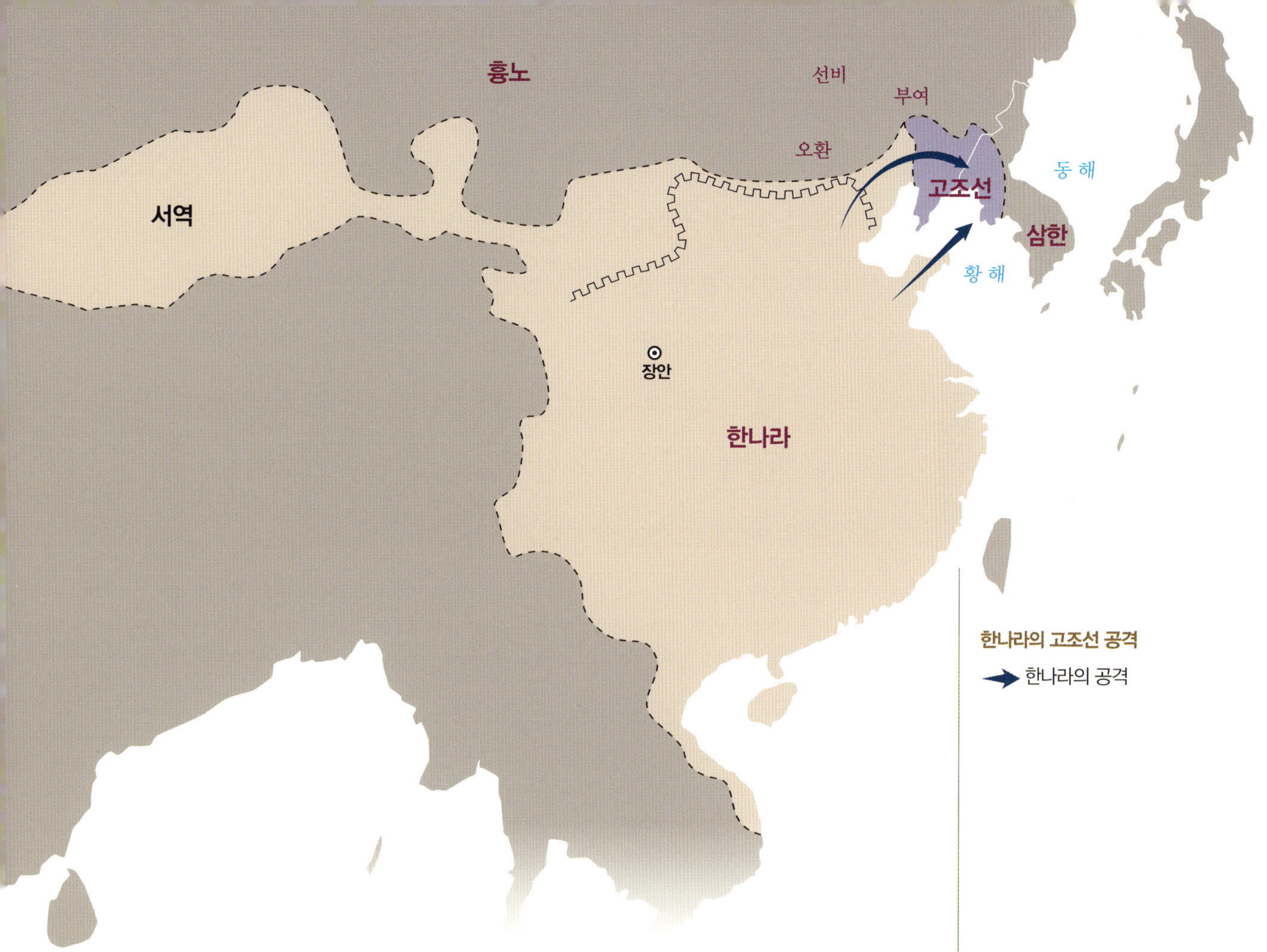

한나라의 고조선 공격
→ 한나라의 공격

청동 도끼 (국보 143-5)
전라남도 화순군 대곡리에 있는 청동기 시대의 무덤에서 발견한 유물이야. 이때 발견한 청동기 유물 가운데 열한 점이 국보 제143호로 일괄 지정되었어. 이 청동 도끼 역시 함께 국보로 지정되었단다.

라 무제는 결국 화해하자며 협상을 제의했어. 그러나 서로를 의심해서 협상은 깨어졌고 1년 넘게 지루한 전쟁이 계속됐지.

힘으로는 고조선을 굴복시킬 수 없다고 생각한 무제는 고조선 사람들이 서로 싸우도록 이간책을 쓰기 시작했어. 그때 고조선의 지배층은 한나라에 맞서 계속 싸우자는 '항전파'와 더 이상 싸우지 말고 화해하자는 '화친파'로 갈려 있었거든. 우거왕은 한나라에 맞서 계속 싸우려는 항전파였지.

한나라 무제는 화친파를 매수해서 우거왕

한국식 동검 (국보 143-1) 청동검은 우리나라 청동기 시대를 대표하는 유물이라 할 수 있지. 특히 이 동검은 한국식 동검의 전형적인 모습을 보여 주고 있어.

을 살해했어. 그러나 우거왕이 죽은 후에도 왕검성은 쉽게 무너지지 않았지. 충신 성기가 중심이 되어 모두 한뜻으로 뭉쳐 왕검성을 지켰기 때문이야.

군대의 힘으로는 왕검성을 무너뜨리기 어렵다고 판단한 한나라 장수 순체는 다시 이간책을 썼어. 우거왕의 아들 등을 부추겨 충신 성기를 살해하게 한 거야.

성기가 죽자 결국 왕검성은 무너지고 말았어. 1년이나 계속됐던 전쟁은 그렇게 끝나고, 단군왕검이 나라를 연 이래 이어 왔던 고조선은 멸망하고 말았지. 기원전 108년의 일이었단다.

전쟁에 진 고조선 백성들은 낯선 중국 땅으로 끌려갔고, 한나라에 투항해서 나라를 판 자들은 한나라로부터 벼슬을 받았지.

한나라는 고조선 땅에 낙랑군, 진번군, 임둔군, 현도군이라는 네 개의 군을 설치해서 다스렸어. 이를 '한사군'이라 하지. 그러나 고조선 유민들의 계속된 투쟁으로 네 군은 점점 세력이 약해졌고, 뒷날 고구려의 공격을 받아 모두 멸망했단다.

한국식 동검 거푸집 거푸집이란 청동기나 철기 등으로 만든 쇠붙이 물건의 틀을 말해. 거푸집에 펄펄 끓인 쇳물을 붓고 굳히면 청동이나 철기가 완성되지. 이 유물은 한국식 동검을 만드는 데 썼던 거푸집이란다.

고조선 이후의 나라들

고조선에 이어 등장한 나라들

고조선이 멸망한 후 한반도와 만주 일대에는 철기 문화의 보급으로 크게 세력을 얻은 여러 나라가 등장했어. 만주와 한반도 북부 지방의 부여와 고구려, 한반도 북부 동해안 지방의 옥저와 동예, 남부 지방에 자리 잡은 마한·진한·변한의 삼한이 그 나라들이야.

이들은 부족 간의 연합이나 전쟁으로 세력을 키우고 국가로 발전했던 거란다. 그 가운데 부여는 고조선에 이어서 나타난 나라로 다섯 부족이 연합해서 세운 연맹 왕국이었어. 송화강 유역의 넓은 평야 지대에 자리 잡아 농업과 목축업이 발달하고, 일찍부터 중국과도 교류했지.

또 왕 밑에는 가축의 이름을 딴 마가(말), 우가(소), 저가(돼지), 구가(개)와 대사자, 사자 등의 관리가 있었어. 왕은 중앙을 직접 다스리고, 네 명의 '가'는 나머지 지역을 넷으로 나눠 맡아 다스렸지. 이들 지역을 '사출도'라고 했어.

네 명의 가는 흉년이 들면 왕을 바꾸거나 죽일 정도로 강력한

3. 철기 시대와 위만 조선 | 55

잔무늬 거울
이 거울의 다른 이름은 '다뉴세문경'이야. 청동 거울에 섬세하고 자잘한 무늬를 가득 새겨서 붙은 이름이지. 주로 철기 시대 초기에 만들었단다.

권력을 가지고 있었단다.

부여에는 왕이 죽으면 노비를 함께 묻는 순장 풍습이 있었어. 또 형이 죽으면 동생이 형수를 아내로 삼았지. 전쟁이 일어나면 소를 죽여 그 굽으로 길흉을 점치는 풍습도 있었고.

12월에는 하늘에 제사 지내는 '영고'라는 행사도 있었지. 그때는 죄수를 풀어 주기도 했단다.

부여에도 법이 있었을까?

고조선의 8조의 법과 비슷한 법이 있었어. 네 개의 법률 항목이 전해 오고 있는데, 그 내용은 고조선의 8조의 법보다 훨씬 엄격해.

첫째, 사람을 죽인 자는 사형에 처하고 그 가족은 노비로 삼는다.
둘째, 도둑질을 한 자는 물건값의 열두 배를 갚는다.
셋째, 간음한 자는 사형에 처한다.
넷째, 투기가 심한 부인은 사형에 처하고 그 시체를 도읍 남쪽 산에 버려서 썩게 한다. 단 여자의 집에서 시체를 가져가려면 소와 말을 바쳐야 한다.

어떠니? 고조선의 '8조의 법'과 '부여 법'을 비교해 보고 무엇이 어떻게 다른지 생각해 보렴.

'사람을 죽인 자의 가족을 노비로 삼는다.'고 했으니 부여도 고조선과 마찬가지로 노비 제도가 있었음을 알 수 있지?

또 '투기가 심한 부인은 사형에 처한다.'는 네 번째 항목에서는 무엇을 알 수 있겠니? 그것은 부여가 엄격한 남성 중심 사회였다는 사실을 말해 주는 거 아니겠니?

고구려는 부여에서 무리를 이끌고 나온 주몽이 기원전 37년에 세운 나라란다. 초기에는 다섯 부족이 연합한 연맹 왕국이었지.

고구려를 세운 곳은 산악 지대여서 농토가 부족했어. 그래서 주변의 작은 나라들을 정복하면서 평야 지대로 진출을 꾀했어. 그 때문에 고구려 사람들은 무예를 중요하게 여기고 활쏘기와 말타기를 잘했지. 또 전쟁에서 형이 죽으면 부여와 마찬가지로 동생이 형수를 아내로 삼았단다.

고구려에는 '서옥제'라는 독특한 혼인 풍습도 있었어. 결혼을 하면 사위가 일정한 기간 동안 처가에 가서 사는 풍습이야.

10월에는 추수 감사제로 '동맹'이라는 제천 행사(하늘에 제사 지내는 행사)가 열렸어.

옥저와 동예는 한반도의 동북부 해안 지역에 위치해서 소금과 해산물이 풍부했어. 그리고 토지가 비옥해서 농사도 잘되었어.

다뉴정문경 (국보 143-6)
국보 제143호로 지정된 다뉴정문경이야. 쌍두령, 팔두령 등의 유물이 모두 한곳에서 발굴되어 한 번에 국보로 지정되었지. 여러 잔무늬 거울 중에서도 특히 섬세한 무늬를 자랑하고 있단다. 지름 21센티미터인 청동 거울 뒤쪽에 0.3밀리미터 간격으로 1만 3000개나 되는 가느다란 잔무늬가 새겨져 있거든.

그러나 변두리 지역에 치우쳐 있어서 앞선 문화를 받아들이는 것이 늦었어. 게다가 고구려의 압력이 강해서 큰 정치 세력으로 성장하지 못했단다. 이곳에는 왕이 없었고 '읍군' '삼로'라 일컫는 군장이 각 부족을 다스렸어.

옥저는 고구려와 마찬가지로 부여에서 갈라져 나온 한 갈래였단다. 용맹한 기질과 의복, 주거, 예절이 고구려와 비슷했어. 그러나 결혼 풍습은 달랐지. 고구려에서는 결혼 후 신랑이 신부 집에 가서 얼마 동안 살았지만, 옥저에서는 어린 여자를 데려와 기른 후 며느리로 삼았지. 이런 풍습을 민며느리 제도라고 해.

또 가족이 죽으면 시신을 임시로 묻어 두었다가 나중에 뼈를

농경문 청동기 (보물 1823)
농경문 청동기는 보물 제1823호로 지정된 귀중한 문화유산이야. 한쪽에는 밭을 가는 남자와 추수하는 여자가, 다른 쪽에는 나뭇가지에 앉아 있는 새의 모습이 새겨져 있어.

추려 가족 공동 무덤에 함께 묻는 풍습도 있었어.

동예는 강원도 북부의 해안 지방에 있었던 나라야. 옥저와 마찬가지로 말과 풍습이 고구려와 비슷했어. 동예는 베를 짜는 방직 기술이 발달했고, 활과 말이 유명했지. 박달나무로 만든 동예의 활은 '단궁'이라고 해. 크기는 작았지만 탄력이 좋아 화살이 멀리까지 날아갔다고 하는구나.

말은 '과하마'라고 했어. '과일나무 밑으로 지나다닐 만큼 작은 말'이라는 뜻으로, 몸집은 작지만 튼튼하고 순해서 다루기 쉬웠다고 해.

단궁과 과하마는 중국에도 알려질 만큼 유명해서 수출까지 했단다.

동예에서는 같은 씨족끼리는 절대 결혼하지 않는 족외혼을 엄격하게 지켰어. 또 함부로 다른 부족의 경계를 침범하지 않았지. 침범하면 소나 말 또는 노비로 보상해야 했어. 10월에는 '무천'이라는 제천 행사도 열었단다.

이번에는 한반도 남쪽에 자리 잡았던 마한, 진한, 변한에 대해서 알아보자꾸나.

소뿔 모양 손잡이 항아리
토기 항아리 양옆에 소뿔처럼 생긴 손잡이가 달려서 '소뿔 모양 손잡이 항아리'라고 불러. 1~2세기 무렵의 유물로 보고 있지. 삼한 지역에서 특히 많이 발견되고 있는 항아리야.

● 부여의 법

고조선에 '8조의 법'이 있었듯 부여에도 법이 있었지. 8조의 법은 세 항목이 전하고 있지만, 부여의 법은 네 항목이 전해 오고 있단다.

3. 철기 시대와 위만 조선 | 59

● 목지국

목지국은 마한의 54개 작은 나라 중 하나야. 백제가 마한의 중심 세력으로 성장하기 전까지 마한의 여러 작은 나라 중 가장 세력이 강했지. 그러나 마한 왕으로 추대되었어도 강력한 실권을 가지고 마한 지역 전체를 지배하지는 못했어. 백제 8대 고이왕 때 백제에 병합되었고, 13대 근초고왕 때는 마한 전체가 백제에게 정복됐어.

이들 나라가 있었던 남부 지방은 기후가 따듯하고 강과 들이 있어서 예로부터 사람 살기에 좋았지. 그래서 작은 많이 나라가 있었는데, 철기 문화가 보급되면서 그 작은 나라들이 연합하여 마한·진한·변한 연맹체로 성장했던 거란다.

마한은 지금의 전라도, 충청도, 경기도 지방에 있었던 작은 나라 54개의 연맹체였어. 진한은 대구와 경주 부근에 있었던 작은 나라 열두 개의, 변한은 지금의 김해와 마산 부근에 있었던 작은 나라 열두 개의 연맹체를 말한단다. 이 세 나라를 합쳐 삼한이라고 해.

삼한의 작은 나라는 '신지' '견지' '읍차'라 일컫는 군장들이 다스렸어. 그리고 마한에서 가장 세력이 강했던 목지국의 지배자가 마한의 왕 또는 진왕으로 추대되어 삼한 전체를 이끌어 갔단다.

삼한에는 '소도'라 불리는 신성한 구역이 있었어. 제사장인 천군이 머무르면서 하늘에 제사 지내는 일을 담당했던 곳이지. 이곳에는 죄인이 숨어 들어가도 밖에서 소도로 들어가 잡지 못하는 등 정치적 지배자의 힘이 미치지 못했어. 이는 삼한 사회에서 정치와 종교가 분리되어 있었음을 말해 주는 거야.

삼한은 철제 농기구의 사용으로 농업이 크게 발달했어. 특히 벼농사를 많이 지어 가물어도 농사를 지을 수 있도록 이곳저곳에 저수지를 만들었단다. 제천 의림지, 김제 벽골제, 밀양 수산제가 오늘날까지 남아 있는 삼한의 저수지야.

농사를 중요하게 여겼던 삼한에서는 씨뿌리기가 끝난 5월과 추수를 마친 10월이면 하늘에 제사를 지냈어. 그때는 온 나라 사람들이 노래 부르고 춤추며 즐겼지.

한편 변한에는 철이 풍부했어. 그래서 낙랑과 왜나라(일본)에도 수출했고, 교역할 때는 화폐처럼 사용되기도 했단다.

그 후 백제의 세력이 커지면서 마한 지역은 백제에 통합되었고, 낙동강 유역의 변한 지역에서는 가야가, 진한 지역에서는 신라가 성장했단다.

연질 토기
연질 토기란 튼튼하고 강한 토기가 아니라, 비교적 약한 토기를 말해. '기와처럼 약하다.'라고 해서 '와질 토기'라고도 부르지. 연질 토기는 대부분 적갈색을 띠고 있어.
_국립경주박물관

대롱옥 대롱처럼 기다랗게 생긴 구슬을 대롱옥이라고 해. 대롱옥은 주로 목걸이를 만들 때 많이 썼어. 워낙 귀해서 껴묻거리(시신과 함께 묻은 물건)로 많이 묻었어.

3. 철기 시대와 위만 조선 | 61

인류의 탄생부터 고조선까지 연표

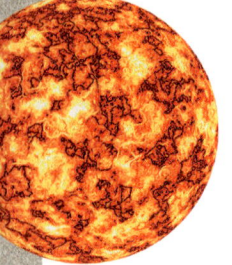

2. 바다 생성

맨 처음의 지구는 용광로처럼 뜨거운 쇳물이 녹아 흐르는 바윗덩어리였어. 화산이 폭발하며 땅의 물도 같이 흘러나왔어. 물은 낮은 곳으로 흘러가 고였고, 바다가 되었지.

38억 년 전

4. 한반도에 인류 등장

평안남도 덕천 승리산 동굴의 '덕천인'을 시작으로 한반도 곳곳에서 구석기 시대의 유물이 발견됐어. 구석기 시대에는 돌을 깨서 모서리를 날카롭게 만든 뗀석기를 사용했단다.

70만 년 전

46억 년 전

1. 지구 탄생

이글이글 불타오르는 태양의 한 부분이 떨어져 나가며 어마어마한 우주 쇼가 벌어졌어. 이때 떨어져 나간 불덩어리가 오늘날의 태양계를 이뤘지. 지구도 이때 생겼단다.

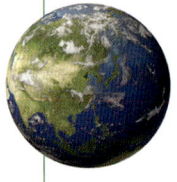

300만 년 전

3. 최초의 인류 출현

남아프리카에서 인류의 조상인 오스트랄로피테쿠스가 등장했어. 뇌 용량은 고릴라와 비슷했지만, 두 발로 걷고 도구를 사용할 줄 알았지.

기원전 8000년

5. 신석기 시대 시작

서울 암사동을 비롯한 신석기 시대의 유적지가 여기저기에서 발견되었어. 신석기 시대에는 구석기 시대와 달리 간석기를 사용했지. 간석기란 돌을 갈아 만든 도구를 뜻해.

6. 고조선 건국

환인의 아들인 환웅과
본디 곰이었던 웅녀가
혼인하여 단군을 낳았어.
단군은 아사달을
도읍으로 정하고,
우리 겨레 첫 나라인
고조선을 세웠단다.

8. 철기 시대 시작

철은 청동기보다
훨씬 단단해서 농기구나 무기를
만들기에 무척 좋았어.
철기 덕분에 농업 생산량도
인구수도 크게 늘어났어.
하지만 철제 무기를 사용한
부족 간의 전쟁도 많아졌지.

10. 고조선 멸망

위만의 손자 우거왕 때
중국 한나라가 쳐들어왔어.
고조선은 아주 잘 막아 냈지만
1년여의 전쟁 끝에
멸망하고 말았어.
그리고 한나라는 고조선 땅에
한사군을 설치했단다.

기원전 2333년

기원전 400년

기원전 108년

기원전 2000년

기원전 194년

7. 청동기 시대 시작

이전까지는 보통 돌로 만든
도구를 사용했지.
그러나 이 시대에는 주석과 구리를
합친 청동기로 도구를 만들었어.
청동기의 사용은 인류 생활에
아주 커다란 변화를 가져왔어.

9. 위만 조선 성립

중국 연나라에서
고조선계 사람 위만이 넘어왔어.
위만은 세력을 키우고
고조선의 왕위를 차지했어.
이것이 바로 고조선의
마지막 나라인 위만 조선이야.

4
삼국과 가야의 건국 신화

고조선이 역사 속으로 사라지고 한반도에는 여러 나라가 생겨났어. 그중에는 아주 오랜 시간 역사를 이어 간 나라도, 또 그러지 못한 나라도 있었지. 이 시대에 가장 익숙한 나라를 꼽자면 아마 고구려, 백제, 신라, 가야가 떠오를 거야. 이들은 수백 년간 나라를 유지하며 차근차근 성장을 이뤄 갔어. 아주 작은 나라에서 시작했던 이들에게는 어떤 건국 신화가 있을까?

삼국과 가야의 건국 신화

4

주몽, 고구려를 세우다 | 온조가 세운 나라, 백제 | 알에서 태어난 박혁거세, 신라를 세우다 | 여섯 개의 알과 6가야

오녀산성
오녀산성은 부여에서 도망쳐 나온 주몽이 고구려를 세운 곳이었단다. 고구려의 첫 도읍이 있었던 졸본 말이야. '졸본성' '홀승골성'이란 이름으로 불리기도 하지.

주몽, 고구려를 세우다

부여의 금와왕은 사냥을 나갔다가 태백산 남쪽에 있는 우발수라는 강가에서 유화라는 여인을 만났어. 유화는 금와왕에게 이런 이야기를 했단다.

덕흥리 고분 벽화 가운데 〈수렵도〉와 〈천계〉
'수렵도'란 사냥하는 사람들을 그림으로 옮겨 담은 걸 말해. 이 벽화에는 호랑이, 사슴, 멧돼지 등의 동물을 사냥하는 고구려 사람들의 모습이 담겨 있지. 벽화 위쪽에는 해와 달, 하늘을 나는 신선과 상상 속의 동물 등이 있는 천상 세계를 그려 넣었어. '천계'란 천상 세계를 말한단다.

"저는 물을 다스리는 하백의 딸입니다. 그런데 해모수라는 천제의 아들과 부모님의 허락 없이 결혼해서 이곳으로 쫓겨났습니다."

왕은 유화를 불쌍히 여겨 궁궐로 데리고 왔어.

유화는 배가 불러오더니 얼마 후에 알을 낳았어. 금와왕은 불길한 징조라고 생각해서 알을 짐승의 먹이로 주어 버렸어. 그러나 짐승들은 알을 먹지 않았고, 깨뜨려 버리려고 했지만 깨지지도 않았어. 왕은 할 수 없이 유화에게 알을 돌려주었단다.

유화가 알을 천으로 싸서 따듯한 곳에 놓아두자 알에서 아이가 태어났어.

아이는 여간 영리한 게 아니었어. 또 어려서부터 활을 잘 쏘았지. 그래서 '주몽'이라고 불렀어. 주몽은 부여 말로 '활을 잘 쏘는 사람'이라는 뜻이야.

금와왕에게는 일곱 아들이 있었는데, 이들은 재주 많고 활도 잘 쏘는 주몽을 질투해서 죽이려고 했어. 이를 안 주몽은 오이, 마리, 협보와 남쪽으로 도망쳤어.

동부여의 군사들이 그들을 뒤쫓기 시작했지. 주몽 일행은 엄시수라는 강에 이르렀지만 배가 없어 강을 건널 수 없었어. 뒤에서는 군사들이 죽이려고 쫓아오고 큰일이었지. 그때 물고기와 자라가 모여들더니 다리를 만들어 줘서 무사히 강을 건너 도망칠 수 있었단다. 주몽 일행은 모둔곡에서 재사, 무골, 묵거를 만났어. 그들도 주몽을 따랐고 일행은 졸본에 이르렀지.

주몽은 이곳에 나라를 세우고 나라 이름을 '고구려'라고 했어. 또 '고'씨를 성으로 삼았지. 그래서 '고주몽'이라고 해. 주몽이 스물두 살이었던 기원전 37년의 일이야. 《삼국유사》와 《삼국사기》에 전하는 고구려 건국에 얽힌 이야기란다.

이 건국 신화는 주몽을 알에서 태어난 신비로운 존재로 그려 놓았지. 그와 같은 일은 나라를 세운 이를 특별한 존재로 보이도록 하기 위해 건국 신화에 흔히 등장하는 이야기야.

또 이 신화는 주몽이 고구려를 건국한 과정을 알 수 있게 해

삼국 시대 초기의 나라들

동명왕릉
동명왕릉은 고구려의 시조인 고주몽의 무덤, 즉 왕릉이야. '동명왕' 또는 '동명 성왕'은 왕으로서 주몽의 칭호를 이른단다. 동명왕릉은 북한의 평양에 있어.

줘. 부여에서 태어난 주몽은 왕의 아들들과 대결을 피해 자기 세력을 이끌고 남쪽으로 내려왔어. 그리고 곳곳에서 주변 세력을 정벌하면서 졸본에 이르러 나라를 세운 거야.

모둔곡에서 합류했다는 재사, 무골, 묵거는 그곳에 정착해 있던 토착 세력을 의미해. 또 엄시수에서 물고기와 자라가 모여들어 만들어 준 다리는 토착 세력의 도움을 받았다는 사실의 상징일 수 있어.

온조가 세운 나라, 백제

이번에는 백제의 건국에 대해서 알아보도록 할까?
백제는 고구려를 세운 주몽의 아들 온조가 세운 나라야.
주몽은 부여에서 도망칠 때 임신한 아내를 두고 왔어. 바로 예씨 부인이지. 예씨 부인과 작별하면서 주몽은 "만일 아들이 태어나면 아버지를 찾아오게 하라."고 부탁했어.

그 후 졸본에서 나라를 세운 주몽은 그곳 여자 소서노를 새 왕비로 맞아들였지. 새 왕비 소서노에게 비류와 온조 두 아들이 태어났어. 그런데 예씨 부인에게서도 아들이 태어나 나중에 아버지를 찾아왔지. 바로 유리였어.

주몽은 유리를 태자로 삼았어.

왕위를 이어받을 수 없게 된 비류와 온조는 오간, 마려 등 열 명의 신하와 그들을 따르는 백성을 이끌고 남쪽으로 내려왔어.

두 형제는 고생 끝에 위례성(지금의 경기도 하남시 혹은 충청남도 천안시로 추측)에 이르렀지. 그리고 부아악이라는 산에 올라 사방을 둘러보았어.

신하들은 "나라를 세우기에 좋은 곳이니 이곳을 도읍으로 정

한성
백제의 두 번째 도읍이었던 한성을 복원한 모습이야. 백제를 처음 세울 때, 온조는 위례성을 도읍으로 삼았어. 하지만 온조왕 14년(기원후 5년)에 한성으로 도읍을 옮겼단다. 오늘날의 경기도 광주 일대야.

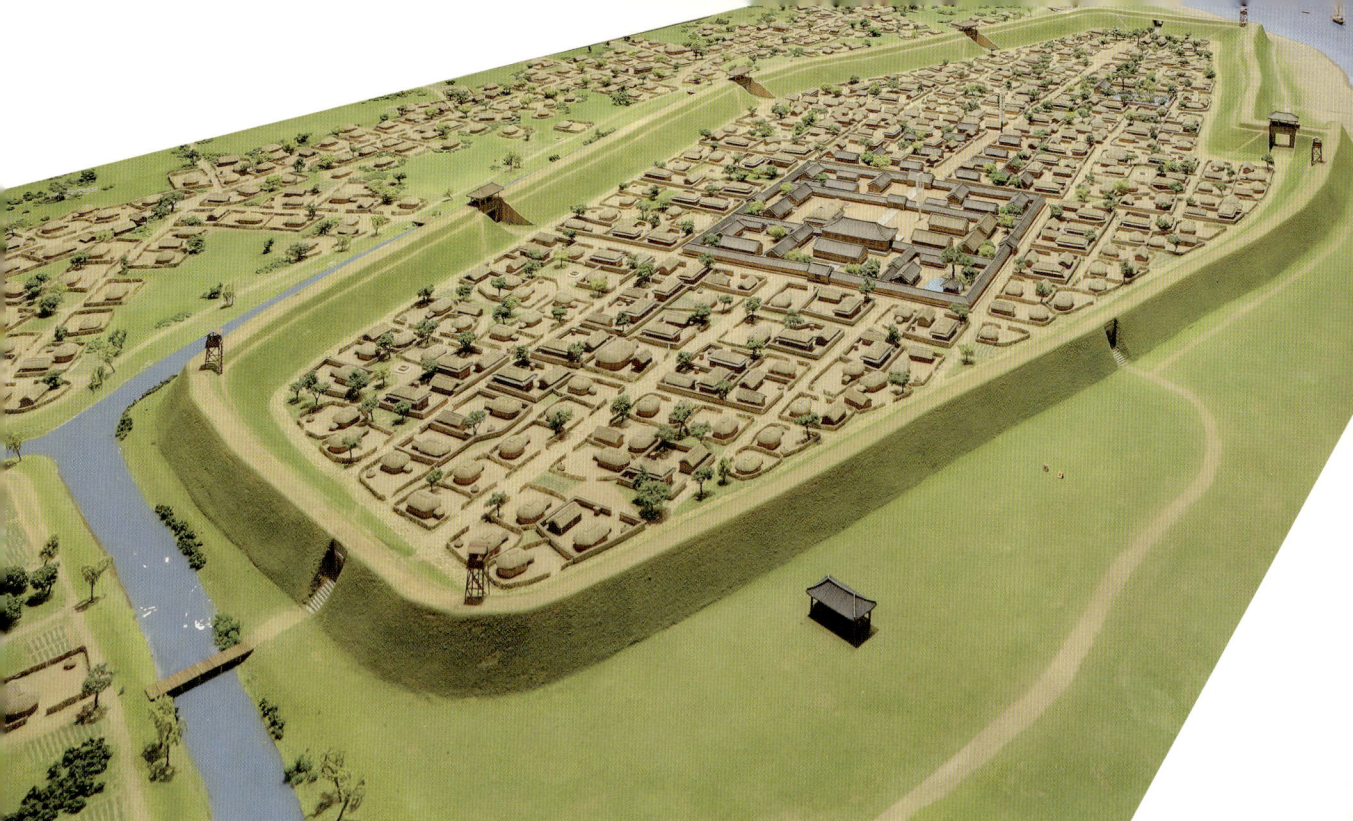

한성의 풍경
백제는 삼국 가운데 가장 먼저 전성기를 이룬 나라였어. 한강을 끼고 있어서 농사를 짓기에도, 다른 나라와 교역하기에도 좋았어. 높다란 성벽으로 둘러싸인 한성은 질서 정연하게 구획을 나눈 도시였어. 또 하수 시설까지 있었단다. _한성백제박물관

하자."고 했지. 그러나 형 비류는 신하들의 의견을 따르지 않고 미추홀(지금의 인천)에 도읍을 정하자고 했어.

의견이 맞지 않자 결국 두 형제는 갈라지게 됐단다. 비류는 따르는 백성과 함께 미추홀로 떠났고, 동생 온조는 위례성에 도읍을 정하고 나라 이름을 '십제'라고 했지.

'십제'란 무슨 뜻일까? '열 명의 신하가 옆에서 돕는다.'라는 뜻이라고 말하기도 하고, '열 개의 강을 건너왔다.'는 뜻이라고 말하는 사람도 있어.

처음에는 형 비류의 세력이 동생 온조의 세력보다 더 컸다고 해. 그러나 미추홀은 바닷가라 물맛이 짜고 농사짓기도 어려워서 사람이 살기에 알맞지 않았어. 그렇지만 위례성은 한강 유역에 위치해서 농사가 잘되고 철기 문화도 발달한 곳이었지.

형편이 어려워진 비류는 결국 나라를 크게 일으켜 세우지 못한 채 죽고 말았어. 그리고 그를 따라갔던 백성은 온조가 있는 위례성으로 되돌아왔단다.

온조는 그들을 받아들여 세력을 더 키우고 나라 이름도 '백제'라고 고쳤어. 마침내 '백제'라는 나라가 등장하게 된 거였지(기원전 18년).

고구려를 세운 주몽은 '고'로 성을 삼았는데, 그럼 온조의 성은 무엇이었을까?

온조는 고구려에서 갈라져 나왔고, 고구려는 부여에서 갈라져 나온 세력이라서 '부여'를 성으로 삼았다고 해. 부여온조, 좀 이상한가?

참, '백제'라는 뜻도 알아봐야겠구나. 백제는 '백성들이 즐겁게 따랐다.'는 뜻이야.

계림비각
계림비각은 경상북도 경주에 있어. 오늘날 경주 김씨의 시조인 김알지가 이곳에서 태어났다고 해. 신라의 첫 왕은 박혁거세의 박씨였지만 이후 석탈해의 석씨가 그 자리를 이었어. 마지막으로 김알지의 김씨가 신라 천 년의 왕위를 이었단다.

알에서 태어난 박혁거세, 신라를 세우다

《삼국유사》에 따르면 신라를 건국한 해는 고구려와 백제보다 빠른 기원전 57년이야.

신라는 금성(지금의 경주) 부근에 있던 '사로국'이라는 작은 나라에서 출발

경주 오릉
예전에는 '신라 오릉'이라고 불렀어. 신라의 시조인 박혁거세와 알영, 남해왕, 유리왕, 파사왕 이렇게 다섯 왕릉이 있어서 붙은 이름이란다.

했단다. 사로국은 진한에 속해 있던 열두 개의 작은 나라 가운데 하나로, 이 지역에 살고 있던 여섯 부족이 연합해서 만든 나라야.

어느 날 사로국의 여섯 촌장 중 한 명인 양산촌 촌장이 나정이라는 우물가에서 흰말이 무릎 꿇고 울고 있는 것을 보았어. 촌장은 이상하게 생각되어 가까이 가서 보았지. 그랬더니 커다란 자줏빛 알이 있는 것 아니겠니?

촌장을 본 말은 긴 울음소리를 내며 하늘로 올라갔어. 사람들이 알을 깨뜨리니 안에서 사내아이가 나왔단다.

여섯 촌장은 알에서 아이가 태어난 것을 신비하게 여겨, 아이가 열세 살이 되자 왕으로 받들었지. 그리고 아이의 성을 '박', 이름을 '혁거세'라고 했어. '박'씨는 아이가 '박처럼 둥근 알에서 태어났다.'고 해서 가지게 된 성이고, '혁거세'는 '세상을 밝게 한다.'는 뜻이야.

사로국은 고구려나 백제와 마찬가지로 주변의 작은 나라들을

경주 계림로 보검
(보물 635)
경주에서 발견한 신라의 보검이야. 원래는 철로 된 칼과 칼집이 있었지만 모두 없어지고, 지금은 금으로 만든 장식 부분만 남아 있어. 삼국 시대의 다른 칼과 달리, 유럽과 중동 지방에서 많이 볼 수 있는 모양이라 더더욱 역사적 의미가 깊어. _국립경주박물관

정복해서 차츰 강하고 큰 나라가 되었어. 그리고 지증왕 때 나라 이름을 신라로 바꿨단다(503년).

그럼 박혁거세의 건국 신화에 숨겨진 뜻은 무엇일까?

먼저 신라는 여섯 개 부족이 연합해서 만든 사로국이라는 정착 세력과, 외부에서 온 박혁거세 세력이 연합해서 만든 나라라는 것을 짐작할 수 있어. 또 '말'이 등장하는 것은 외부 세력이 기마 기술을 가진 사람들이라는 것을 의미한다고 볼 수 있지.

'박혁거세가 알에서 태어났다.'고 한 것은 '고구려의 주몽이 알에서 태어났다.'고 하는 것과 마찬가지야. 나라를 세운 이가 특별한 사람이라는 것을 강조하여 왕권의 신성함을 드러내기 위해서라고 이해하면 될 거야.

고구려, 백제, 신라를 건국함으로써 우리나라 역사는 삼국 시대에 접어들게 되었단다. 삼국은 서로 겨누고 협력도 하면서 발전해 나갔지. 그런데 삼국 이야기를 더 하기에 앞서 가야 이야기를 해야겠구나. 가야도 우리나라 역사에서 빠뜨릴 수 없는 중요한 나라거든.

여섯 개의 알과 6가야

가야는 사로국과 비슷한 시기에 변한 지역에서 출발한 나라야. 변한이 지금의 김해, 마산 등이 있는 낙동강 유역에 있던 작

김해 수로왕릉
가야의 시조였던 수로왕의 왕릉이야. 다른 이름은 '납릉'이라고 해. 오늘날의 경상남도 김해시에 있어. 하지만 슬프게도 임진왜란 때 도굴되었다고 하는구나.

은 나라 열두 개의 연맹체라는 것은 앞에서 이미 이야기했지?

그럼 가야의 건국 신화를 알아보도록 할까?

우리나라 건국 신화에는 알이 많이 등장하는데, 그중에서도 가야의 건국 신화에는 알이 여섯 개나 나온단다.

변한 지역의 구야국(금관가야)은 아홉 명의 간(족장)이 각각 마을을 다스리고 있었어. 아직 왕은 없을 때였고.

어느 날 북쪽의 구지봉에서 이상한 소리가 들렸어. 그래서 아홉 간이 소리 나는 곳에 모두 모였는데, 사람의 모습은 보이지 않고 목소리만 들리는 것 아니겠니?

"하늘이 나에게 '이곳에 나라를 세워 왕이 되라.' 하고 명하셨다. 산꼭대기를 파면서 '거북아, 거북아 머리를 내밀어라. 내밀지 않

4. 삼국과 가야의 건국 신화 | 75

김해 수로왕릉의 숭안전
가야의 제2대부터 제9대까지 왕과 왕비 들의 위패가 있는 곳이야. 숭안전의 양옆에는 왕의 이름을 새겨 둔 비석이 있지. 위패란 죽은 사람의 이름을 써서 사당에 모셔 놓은 나무패를 말해.

으면 구워 먹겠다.' 이렇게 노래 부르며 춤을 추어라. 그러면 하늘에서 내려온 왕을 맞게 될 것이다."

이상하게 여긴 아홉 간은 목소리가 시키는 대로 노래 부르며 춤을 추었단다. 그러자 하늘에서 붉은 줄이 내려왔어. 줄 끝에는 황금 보자기로 싼 황금 상자가 매달려 있었지. 상자를 여니 황금빛 알 여섯 개가 들어 있었단다.

그 알을 아도간의 집에 두고 12시간 후에 다시 보았더니 여섯 개의 알에서 여섯 명의 아이가 태어났어. 아이들은 한결같이 용모가 빼어났지. 그리고 10여 일 후에 키가 아홉 자로 자랐어.

사람들은 이 아이들을 왕으로 모셨단다.

알에서 맨 처음 태어난 아이는 이름을 '수로'라고 하고, 구야국의 왕이 되었어. 수로는 세상에 처음 태어났다고 해서 붙은 이름이야.

나머지 다섯 아이도 왕이 되어 6가야가 탄생하게 된 거란다. 김해의 금관가야, 고령의 대가야, 함안의 아라가야, 고성의 소가야, 성주의 성산가야, 진주의 고령가야 이렇게 말이야. 그중 가장 큰 세력을 가진 곳은 금관가야였지.

금동관

금귀걸이

가야의 유물들
위의 왼쪽에 있는 유물은 가야의 금동관을 새것처럼 다시 만든 복원품이야. 오른쪽은 가야에서 만들었던 금귀걸이지. 아래는 아라가야에서 썼던 토기들이야. 손잡이가 달린 것이 꼭 오늘날의 컵 같구나.

아라가야의 여러 토기

5

성장하는 삼국

이제 본격적인 고대 국가로 여행을 떠나 볼까? 고대 국가가 성립되려면 두 가지 조건이 필요해. 첫째는 중앙 집권적 통일 국가여야 한다는 점이고, 둘째는 역사상 처음이어야 한다는 것이야. 우리나라의 고대 국가는 바로 고구려, 백제, 신라의 삼국 시대에 이뤄졌단다. 고대 국가로 성장해 나가는 세 나라의 모습을 직접 살펴보자꾸나.

성장하는 삼국

5.

고구려의 성장 | 백제의 성장 | 신라의 성장

고구려의 성장

고구려는 삼국 가운데 가장 먼저 중앙 집권 국가로 성장한 나라였어.

주몽이 고구려를 처음 세운 졸본은 산이 많은 지역이어서 군사 요새로는 알맞았지. 하지만 기름진 땅이 없어서 늘 식량이

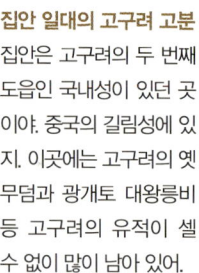

집안 일대의 고구려 고분
집안은 고구려의 두 번째 도읍인 국내성이 있던 곳이야. 중국의 길림성에 있지. 이곳에는 고구려의 옛 무덤과 광개토 대왕릉비 등 고구려의 유적이 셀 수 없이 많이 남아 있어.

부여

고구려

백두산

졸본 ○○ 국내성

압록강

고구려의 도읍 이전

백제

한강

낙동강

신라

가야

부족했어. 그래서 주몽의 뒤를 이은 유리왕은 도읍을 국내성으로 옮겼단다(기원후 3년). 그리고 주변의 작은 나라를 대상으로 활발한 정복 사업을 펼쳤어. 또 태조왕 때는 땅이 기름지고 해산물이 풍부한 동예와 옥저를 정벌하고 요동 지방으로도 뻗어 나갔어. 그래서 영토가 동쪽으로는 동해, 남쪽으로는 살수(지금의 청천강)에 이르게 되었단다.

이와 같은 정복 사업으로 고구려는 왕권을 강화하고 중앙 집권 국가로 성장할 수 있는 바탕을 마련하였지. 왕의 자리를 계루부 출신의 '고'씨가 독점해서 이어받게 되었

○ 중앙 집권 국가

왕에게 권력이 집중되어 있는 국가를 말해. 여러 세력(부족)으로 나뉘어 있던 연맹 국가가 강한 세력을 가진 세력에 통합되면서 중앙 집권 국가로 발전했어. 여러 족장이 왕을 선출했던 연맹 왕국과 달리 중앙 집권 국가는 왕위를 세습했단다. 이는 곧 중앙 정부가 지방에 대해 강력한 지휘권·명령권·통제권을 가진다는 뜻이야. 따라서 나라에 큰일이 생겨도 빠르게 결정을 내릴 수가 있어. 또 나라에서 결정한 일을 전국적으로 빠르고 강력하게 실시할 수 있지.

● 일석이조의 제도 '진대법'

진대법은 고국천왕 때 재상 을파소의 제안으로 만든 제도야.

가을에 추수를 한 후 긴 겨울을 지내고 나서 봄이 되면, 백성은 식량이 떨어지게 돼. 이때를 춘궁기라고 해. 이처럼 봄에 식량이 떨어져 굶주리는 백성에게 나라에서 곡식을 빌려주고, 가을에 수확을 하면 약간의 이자를 붙여 돌려받는 제도가 진대법이야.

진대법이 실시되기 전에는 귀족이 춘궁기 때 백성에게 곡식을 빌려주고 가을에 높은 이자를 붙여 돌려받았어. 그리고 추수를 해도 빌려 간 곡식을 갚지 못하는 백성은 귀족에게 땅과 재산을 헐값으로 넘기거나 노비가 되기도 했지. 요즘으로 말하자면 귀족이 백성을 상대로 고리대금업을 했던 거야.

진대법은 백성을 위한 참 좋은 제도였다고 생각되지 않니? 그런데 백성만 좋았던 것은 아니었어. 나라 재정도 더 튼튼해졌지. 백성이 빚을 갚지 못해 노비가 되면 세금을 내는 백성의 수가 줄어들어서 그만큼 나라 살림이 어려워지는 법이거든.

진대법은 돌멩이 하나로 새 두 마리를 잡는 일석이조의 제도였단다.

던 것도 태조왕 때부터야. 고구려는 본래 소노부·계루부·절노부·관노부·순노부 이렇게 다섯 부족이 연합해서 만든 국가였어. 그런데 이제는 계루부가 가장 큰 권한을 가지고 나머지 부족이 따르는 '5부 연맹 체제'로 바뀌게 된 거야.

고국천왕 때는 다시 행정 구역을 개편해서 다섯 부족 중심의 5부를 동·서·남·북·중앙의 5부로 바꿨어. 그리고 한층 강화된 왕권을 바탕으로 왕위 계승도 형제 상속에서 부자 상속으로 바꿨지. 그전까지는 형제끼리 왕의 자리를 이어받았지만, 그 후부터는 아버지가 아들에게 왕위를 물려주게 되었다는 이야기야.

고국천왕 때는 춘궁기에 굶주리는 백성을 위해 '진대법'이라는 제도를 실시했어.

또 미천왕 때는 낙랑을 멸망시켰어. 기원전 108년 한나라가 고조선을 멸망시킨 후 낙랑군, 임둔군, 진번군, 현도군의 한 사군을 설치해 한반도를 지배하려 했다는 이야기는 앞에서 이미 했지. 그 가운데 진번군과 임둔군은 고조선 유민의 저항과 반발로 일찌감치 폐지되었고(기원전 82년), 현도군도 그 후 요동 지방으로 쫓겨 갔어.

평양 석암리 금제 띠고리
(국보 89)
띠고리란 허리띠를 고정할 때 쓰는 고리를 말해. 오늘날의 버클과 비슷하다고 할 수 있지. 북한의 평양에서 발견되었는데, 당시 그 부근을 지배하였던 낙랑의 유물로 보고 있단다.

그러나 고구려가 한창 뻗어 나갔던 4세기 초까지도 낙랑군은 그대로 버티고 있었지. 미천왕은 중국의 혼란을 틈타 한반도에 마지막으로 남아 있던 중국 세력인 낙랑을 몰아냈던 거야(기원후 313년). 당시 중국은 낙랑을 지원하던 진나라가 흉노의 침공을 받아 도읍이 함락되는 등 혼란스러운 상황이었거든.

낙랑을 몰아냄으로써 고구려는 대동강 유역을 확보해 남쪽으로 진출할 수 있는 발판을 마련하고, 서쪽으로는 요동 지방까지 세력을 확대했지. 그러나 고구려가 승승장구만 했던 것은 아냐.

미천왕에 이어 왕위에 오른 고국원왕 때 위기가 닥쳤어. 그 무렵 북쪽에서는 모용선비가 '전연'이라는 나라를 세우고 세력을 확장하고 있었거든. 고구려는 전연의 침입을 받아 국내성이 함락되고 미천왕의 무덤이 파헤쳐지는 수모를 겪었어. 그뿐이

○ **율령**

고대 국가의 법률이야. '율'은 죄를 지은 사람을 다스리는 법규(형벌 법규)를, '령'은 나라를 다스리는 법규(행정 법규)를 말하지. 삼국은 중앙 집권 국가가 되면서 법률을 만들어 통치 기반을 다지고 왕권을 강화했어. 백제는 고이왕(3세기) 때, 고구려는 소수림왕(4세기) 때, 신라는 법흥왕(6세기) 때 각각 율령을 반포했단다.

아냐. 고국원왕의 어머니와 왕비까지 전연으로 끌려갔지.

그 후 전연 왕에게 간청해서 미천왕의 시신을 돌려받고 어머니와 왕비도 돌아왔어. 그러나 시련은 이것으로 끝나지 않았어. 한창 전성기에 있던 백제가 고구려의 어수선한 틈을 타 남쪽에서 공격해 왔던 거야. 고구려는 첫 전투에서 크게 패했어(369년).

고국원왕은 패배를 설욕하기 위해 2년 후에 백제를 공격했지. 그러나 이번에도 백제군의 역습을 받아 평양성이 포위되었어. 게다가 직접 전투에 나섰던 고국원왕은 백제군의 화살에 맞아 전사하고 말았어.

위기는 곧 기회라는 말이 있지. 고국원왕이 전투에서 전사하는 위기를 맞았지만 뒤이어 왕이 된 소수림왕은 북중국의 전진과 수교해서 대외 관계를 안정시켰어. 그리고 불교를 받아들이고 여러 토속 신앙을 통합해 왕의 권위를 높였지. 당시의 불교는 '왕은 곧 부처'라는 사상을 강조해서 왕권을 강화하는 구실을 했거든.

말 탄 사람이 그려진 벽화편 북한에 있는 쌍영총에서 발견한 벽화 조각이야. 조우관(깃털이 달린 관)을 쓰고, 안장 양옆에 화살집과 활집을 달고, 바람을 가르며 말을 달리고 있는 모습에서 고구려 사람들의 기상이 느껴지는구나.

소수림왕은 또 태학이라는 교육 기관을 설립해 인재를 양성했어. 그리고 율령을 반포해 통치 체제를 정비했지.

고구려는 이렇게 위기를 극복하고 중앙 집권 국가로서의 체제를 더욱 강화함으로써 새로운 도약의 발판을 마련했단다.

백제의 성장

고구려 주몽의 아들 온조가 세운 백제는 마한의 작은 소국에서 출발한 나라였지. 그렇지만 삼국 중 가장 먼저 전성기를 맞았어.

백제는 어떻게 그렇게도 빨리 성장할 수 있었을까?

백제가 나라를 세운 한강 유역은 일찍부터 농경 문화와 철기 문화가 발달해 있었단다. 또 뱃길로 중국의 앞선 문물을 받아들이기에도 유리했지. 바로 이런 점이 백제가 빠르게 발전할 수 있는 바탕이 되었어.

백제가 성장의 기틀을 마련한 것은 3세기 중반 고이왕 때였어. 처음에는 중국 군현의 압력을 받아 어려움을 겪었지. 그렇지만 이를 물리치고 마한의 중심 세력인 목지국을 병합하는 등

> **● 6좌평 관제**
>
> 6좌평 관제는 '좌평'이라는 관직을 여섯 명으로 제도화했다는 뜻이야. 좌평은 오늘날의 장관이라고 생각하면 돼. 여러 부족을 정복하고 통합해서 나라를 다스릴 때, 각 부족장이나 귀족과 같은 지방 세력을 약화시키고 왕권을 강화하기 위해 만든 제도였지. 6좌평은 내신좌평, 내법좌평, 내두좌평, 병관좌평, 조정좌평, 위사좌평으로 구성되었어. 그리고 408년(전지왕 4년)에는 6좌평 위에 상좌평('정사암'이라는 귀족 회의의 의장)을 만들었어. 지금으로 말하자면 수상(모든 관리의 우두머리)이나 국무총리의 역할이었다고 볼 수 있단다.

4세기 백제의 성장
➡ 백제의 진출 방향
➡ 백제의 교류 관계

활발한 정복 사업을 펼쳐 한반도의 중부 지역을 모두 차지하게 되었어.

또 넓어진 영토를 효과적으로 다스리기 위해 6좌평 관제와 16관등제를 실시했지. 좌평은 나랏일을 의논하는 귀족 회의를 이끌어 가던 최고 관직이고, 16관등제는 관리의 등급을 정한 거야.

관리들은 등급에 따라 각각 색깔이 다른 옷을 입었어. 최고 관직인 좌평은 자색 옷을 입고 은으로 장식한 모자를 썼다고 해.

이와 같은 제도가 마련되었다는 것은 중앙 집권 국가의 기틀이 잡히고 그만큼 왕권도 강화되었다는 것을 의미한단다.

고이왕은 법령도 만들었어. 관리가 재물을 받거나 도둑질을 하면 얻은 재물의 세 배를 징수하고 평생 벼슬을 하지 못한다는 법령이야.

4세기 후반 근초고왕 때 백제는 전성기를 맞았어. 왕권이 강화되어 아버지의 왕위를 아들이 상속하게 되었고, 활발한 정복 활동으로 영토도 크게 넓혔어. 남쪽으로는 마한의 남은 세력을 정복해서 남해안까지 진출했고, 가야에 영향력을 행사해서 왜나라로 가는 바닷길을 확보했지.

또 북으로는 황해도 일대를 장악하고 평양성을 공격해서 고국원왕을 전사하게 했어. 뿐만 아니라 막강한 수군력을 바탕으로 일본의 규슈 지방과 교류하는 등 활동 무대를 크게 넓혔단다.

> ● **백제의 행정 구역**
>
> 백제는 행정 구역을 도읍의 5부와 지방의 5방으로 나누었어. 그래서 중앙 정치는 재상인 상좌평을 비롯한 6좌평과 16관등의 관리들이 나누어 맡았고, 지방에는 관리를 파견해서 군사와 행정 업무를 함께 맡아 보게 했지.

서울 석촌동 고분군
서울시 송파구의 석촌동에 있는 백제의 고분(옛 무덤)들이란다. 이 고분군은 고구려 계통의 돌무지무덤으로 지었어. 백제 초기의 문화와 역사를 알려 주는 귀중한 문화유산이야. _한성백제박물관

은제 관모 장식
충청남도 부여에서 발견한 백제의 관장식이란다. 왕족이나 높은 귀족의 관에 꽂기 위해 만들었지. 은으로 얇은 판을 만든 다음 꽃봉오리와 덩굴무늬 장식 등으로 꾸몄어.

이번에는 백제의 정치 제도에 대해서 조금 더 알아보도록 하자꾸나.

백제는 왕족인 부여씨와 여덟 성씨의 귀족이 정치를 이끌어 나갔단다. 여덟 성씨는 진씨, 해씨, 국씨, 목씨, 사씨, 연씨, 백씨, 협씨야. 이들은 호암사라는 절에 있는 정사암에 모여 나라의 중요한 일을 의논하고, 수상도 선출했어.

정사암은 '나랏일을 의논하는 바위'라는 뜻이야. 부여의 백마강 북쪽에서 10리쯤 되는 곳에 있는 커다란 바위래.

수상을 뽑는 방법도 독특했어. 수상 후보자 서너 명의 이름을 써서 상자에 넣고 바위에 올려 뒀지. 그리고 얼마 뒤에 열어 보아 이름에 도장이 찍힌 사람을 수상으로 정했대. 《삼국유사》에 나오는 이야기란다.

그런데 글쎄, 수상 후보자들의 이름이 적힌 상자를 바위 위에 놓아두면 정말 저절로 이름이 찍혔을까? 아니면 수상이 될 사람 이름 위에 미리 도장을 찍어 두었거나, 나중에 누가 가서 슬쩍 도장을 찍었던 것은 아닐까?

지금 확실한 것은 알 수 없지만, 수상을 뽑는 것은 하늘의 뜻에 따라 이루어지는 일이라는 것을 강조하기 위해 그런 제도가 생기지 않았나 생각돼.

또 침류왕 때는 불교를 받아들여서, 불교를 국왕 중심의 중앙 집권 체제를 뒷받침하는 바탕 사상(통치 이념)으로 삼았어.

신라의 성장

신라가 진한에 속해 있던 열두 개의 작은 나라 가운데 사로국에서 출발했다는 것은 앞에서 이야기했지.

신라는 백제나 고구려보다 건국이 빨랐지만 성장은 가장 늦었어. 먼저 지리적으로 중국의 앞선 문물을 받아들이기 어려운 곳에 위치했지. 더군다나 여러 집단이 연합해서 이룬 나라였기 때문에 나라의 통합과 정비 등 중앙 집권 국가로서의 발전이 늦어졌던 거야.

초기의 신라는 6부족 연맹체로 6부의 대표가 회의를 통해 나라를 운영했어. 그리고 왕은 박·석·김의 세 성씨 가운데서 선출했지. 그러다가 4세기 후반 내물왕 때 이르러 김씨가 독점적으로 왕위 계승권을 가지게 되었어. 또 《삼국유사》에 따르면 이때부터 왕의 호칭도 바뀌었다고 해. 나이 많은 사람이라는 뜻의 '이사금'에서 통치자 또는 우두머리라는 뜻의 '마립간'으로 바뀌었지.

신라는 내물왕 때 비로소 낙동강 동쪽의 진한 지역을 대부분 차지하고 고대 국가의 기틀을 마련했어.

그 무렵 신라는 백제와 가야, 왜나라의 잦은 침입으로 어려움을 겪고 있었는데, 고구려 광개토 대왕의 도움으로 이를 물리칠 수 있었지. 그래서 신라는 한동안 고구려의 정치적 영향력 아래

금관총 금관 및 금제 관식(금관) (국보 87) 경주 금관총에서 발견한 5세기의 금관과 금제 관식이야. 금제 관식은 '금으로 만든 관의 장식'이란 뜻이지. 신라 고분에서 처음에서 발견한 금관이라서 고분의 이름도 '금관총'이라고 붙였어.

있게 되었어. 하지만 다행히도 그때 고구려를 통해 중국의 앞선 문물을 받아들여 빠르게 성장할 수 있었단다.

신라의 정치 체제가 정비된 것은 6세기 이후였어. 신라에는 '화백 회의'라는 제도가 있었는데, 여기에서 국가의 중요한 일을 만장일치로 결정했지. 화백 회의는 귀족의 대표들로 구성된 회의였어. 그리고 화백 회의의 의장인 상대등은 귀족 세력의 대표로서 국정을 책임지는 우두머리 역할을 했지.

사실은 화백 회의와 왕권은 서로가 서로를 견제하는 관계였어. 그래서 화백 회의의 역할이 강해지면 왕권이 약해지고, 왕권이 강해지면 화백 회의가 제대로 기능을 발휘하지 못했단다.

또 신라에는 백제나 고구려와 달리 '골품제'라는 독특한 신분 제도가 있었어. 골품제는 왕족인 성골과 진골 그리고 6두품에서 1두품까지 모두 여덟 개의 신분층으로 이루어져 있었단다. 그래서 골품에 따라 정치적 출세는 물론 혼인 상대, 사는 집의 크기, 타고 다니는 수레의 크기, 옷 색깔 등이 모두 달랐지.

신라인들은 골품제에 따라 모든 일상생활에서 차별을 받았던 거야. 삼국 중 가장 엄격했던 신분 제도였다고 할 수 있어.

서수 모양 주자 (보물 636)
'서수'란 용이나 기린처럼 상상 속의 신령한 동물을 뜻해. '주자'란 주전자를 말하고. 이 서수 모양 주자의 머리와 꼬리 부분은 용처럼, 등 부분은 거북처럼 생겼어. 아마도 왕이나 귀족처럼 신분 높은 사람이 썼을 거야. _국립경주박물관 지금까지 고구려, 백제, 신라가 중앙 집권 국가로 성장해 나가는 과정을 알아보았지. 여기에는 몇 가지 공통점이 있었어. 그것을 한번 정리해 볼까?

첫째, 활발한 정복 사업이야.

정복 사업으로 영토가 늘어나고 백성 수가 많아진다는 것은 곧 경제력과 군사력이 커진다는 것을 의미해. 그래서 연맹 왕국의 왕들은 주변 지역에 대한 정복 사업을 계속적으로 펼쳤지.

○ 재미있는 신라 왕의 호칭

'왕'은 본래 중국에서 사용하던 호칭이야. 신라는 거서간(1대), 차차웅(2대), 이사금(3~16대), 마립간(17~22대)이라는 칭호를 사용했어. 거서간은 '귀인', 차차웅은 '무당', 이사금은 '연장자', 마립간은 '우두머리'라는 뜻이지. 어때, 재미있는 호칭이라고 생각하지 않니?

그럼 언제부터 '왕'이라는 칭호를 사용하게 되었을까?

그건 22대 지증왕 때부터야. 나라 이름도 그때부터 '신라'라고 했어. 그때까지는 처음 나라를 열었을 때의 이름 그대로 '사로국'이었지.

'이사금'을 왕의 호칭으로 사용하게 된 데에는 재미있는 에피소드가 있단다.

2대 남해 차차웅이 죽자 왕위 계승자인 태자 유리는 석탈해에게 왕위를 양보하려 했어. 탈해는 남해 차차웅의 사위로 강한 군사력과 정치 세력을 가지고 있는 실력자였지. 탈해는 유리의 양보를 덥석 받아들이지 않고 "떡을 깨물어서 잇자국이 많은 사람이 왕위에 오르자."는 제안을 했어. 신라 사람들은 어질고 성스러운 사람은 이의 개수가 많다고 믿었거든. 두 사람이 떡을 깨물어 보니 유리가 잇자국(잇금)이 더 많았지. 그래서 왕이 됐어. 이사금은 바로 '잇금'이라는 말에서 나온 거야.

석탈해는 유리가 죽은 후 제4대 왕이 되어 24년간 나라를 다스렸어. 박씨가 아닌 석씨가 왕이 된 것은 탈해 이사금이 처음이었단다.

집 모양 그릇
높은 굽다리 접시 위에 집 모양 토기를 빚어 올렸어. 생김새로 미루어 초가집이라고 보고 있지. 4세기의 유물로 추정되는 이 그릇은 당시 신라 사람들이 어떤 집에서 살았는지를 잘 보여 준단다. _국립경주박물관

둘째, 왕위 세습 제도의 확립.

연맹 왕국에서는 족장이 왕을 선출했지만, 활발한 정복 활동으로 왕권이 강화되면서 특정 집단(성씨)이 왕위 계승권을 독점하게 되었지. 또 왕의 자리도 처음에는 형제끼리 이어받다가, 중앙 집권 국가 체제가 강화되면서 부자 상속으로 바뀌었어.

셋째, 관료 제도의 정비.

중앙 집권 국가 체제가 확립되면서 귀족과 그 밑에 있던 관리는 왕의 신하가 되었어. 또 족장이 다스리던 지역도 왕이 직접 통제하는 지역으로 바뀌었지.

관리는 지위와 하는 일에 따라 등급을 나눴어. 그리고 등급에 따라 입는 옷의 색깔도 다르게 했지. 옷 색깔만 봐도 등급의 높고 낮음을 한눈에 척 알 수 있도록 말이야. 이것을 관등제와 관복제라고 해.

넷째, 율령의 반포.

삼국 모두 왕권이 강화되면서 사회 질서를 유지하고 나라를 다스리는 체계적인 법규(행정 체계)가 필요했어. 그래서 율령을 만들어 반포했던 거야. 율령의 '율'은 사회 질서를 유지하기 위한 형법이고, '령'은 행정 체계를 바로 세우기 위한 법령이야. 이처럼 삼국은 중앙 집권 국가가 되면서 법률을 만들어 통치 기반을 다지고 왕권을 강화했어.

다섯째, 불교를 받아들였어.

● 삼국의 정치 제도

	고구려	백제	신라
귀족 회의	제가 회의	정사암 회의	화백 회의
수상	대대로 ➡ 막리지	상좌평	상대등
관등	10여 관등	16관등	17관등

● 삼국의 행정 체제

	고구려	백제	신라
중앙	5부	5부	6부
지방	5부	5방 ➡ 22담로	5주

 백성이 늘어나고 사회가 복잡해지면서 삼국 모두 토속 신앙으로는 사회적 통합을 이루는 데 어려움이 있었어. 그래서 불교를 받아들여 나라를 다스리는 바탕 사상으로 삼았지. 불교의 윤회설은 '왕이 곧 부처'라는 믿음을 백성에게 심어 주어 왕권을 강화하는 데 도움이 되었거든.
 삼국은 이와 같은 성장 과정을 거치면서 더 크게 발전할 수 있는 토대를 마련했단다.

짚신 모양 잔 5세기에 살았던 신라 사람들이 만든 잔이야. 토기 잔에 짚신 모양 장식을 더했어. 짚신 부분을 자세히 보면 조선 시대까지 신었던 짚신과 생김새가 크게 다르지 않다는 사실을 알 수 있어. _국립경주박물관

6 삼국의 발전과 가야

삼국은 고대 국가를 완성하기 위해 저마다 많은 노력을 기울였어. 통치 체제를 정비하고, 농업을 장려하고, 백성을 위한 제도를 마련하고, 불교를 받아들였지. 무엇보다 이 시기에는 한강을 둘러싼 다툼이 치열했단다. 그렇지만 가야는 여섯 연맹 왕국이 하나의 고대 국가로 성장하지 못했어. 고대 국가를 이룬 세 나라와 가야의 이야기 속으로 들어가 볼까?

삼국의 발전과 가야

6

크게 뻗어 나가는 고구려 | 다시 일어서는 백제 | 신라의 발전 | 가야의 발전과 멸망

광개토 대왕릉비
광개토 대왕릉비는 광개토 대왕의 업적을 기리고자 만든 비석이야. 높이가 무려 6미터도 넘는단다. 하지만 중국의 집안에 있어서 쉽게 가 볼 수가 없지. 이 비석은 광개토 대왕릉비를 복원해서 만든 모형이란다.

크게 뻗어 나가는 고구려

고구려는 4세기 후반 소수림왕 때 국가 체제를 정비해 발전의 토대를 마련했지. 그리고 19대 광개토 대왕 때 나라 힘이 크게 뻗어 나갔어.

광개토 대왕의 이름은 '담덕'이야. '광개토 대왕'은 시호지. 시호가 뭐냐고?

왕이 죽은 뒤 붙여 주는 이름이야. 본래 시호는 '국강상광개토경평안호태왕'이지만 줄여서 '광개토 대왕'이라고 하는 거지.

광개토 대왕은 열세 살 때 태자가 되고 열여덟 살 때 왕의 자리에 올랐어(391년).

태자가 된 광개토 대왕은 어린 나이에도 불구하고

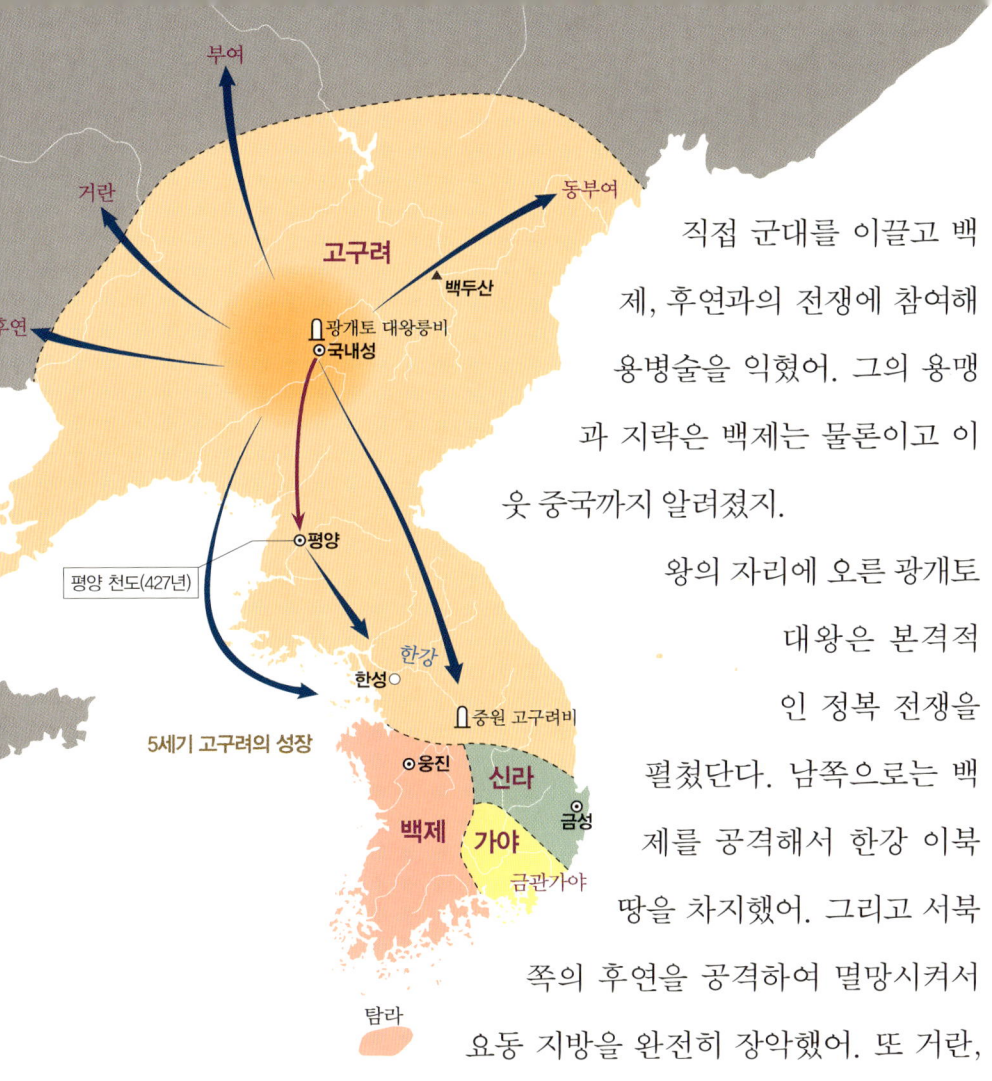

직접 군대를 이끌고 백제, 후연과의 전쟁에 참여해 용병술을 익혔어. 그의 용맹과 지략은 백제는 물론이고 이웃 중국까지 알려졌지.

왕의 자리에 오른 광개토 대왕은 본격적인 정복 전쟁을 펼쳤단다. 남쪽으로는 백제를 공격해서 한강 이북 땅을 차지했어. 그리고 서북쪽의 후연을 공격하여 멸망시켜서 요동 지방을 완전히 장악했어. 또 거란, 부여, 숙신 등도 굴복시켰어.

이와 같은 정복 활동을 통해 고구려는 한반도 중부에서 만주 남부에 이르는 대제국을 건설했단다.

그뿐이 아냐. 왜나라와 가야가 신라에 침입하자 5만 군대를 보내 이를 격퇴하기도 했어. 그래서 금관가야를 중심으로 한 가야 연맹은 쇠퇴의 길을 걷게 되었고, 신라는 고구려의 영향력 아래 있게 되었지.

또 광개토 대왕은 '영락'이라는 연호를 사용했어. 영락은 지금까지 확인된 고구려의 연호 가운데 가장 오래된 것이야. 연호를

6. 삼국의 발전과 가야 | 97

장군총
장군총은 고구려의 돌무덤을 말해. 광개토 대왕 릉비와 마찬가지로 중국의 집안에 있단다. 어떤 학자는 광개토 대왕의 능이라고, 어떤 학자는 장수왕의 능이라고 말하는데 아직 확실히 밝혀지지는 않았어.

「호우」글자가 있는 청동 그릇
이 청동 그릇은 경상북도 경주에서 발견되었어. 신라의 땅이었던 곳이지. 이 그릇에는 '을묘년국강상광개토지호태왕호우십 乙卯年國罡上廣開土地好太王壺杅十'이란 글자가 새겨져 있어. 당시 고구려의 영향이 신라까지 미쳤다는 사실을 보여 주는 유물이야.

사용함으로써 중국과 대등한 관계임을 과시하려 했던 거였지. 광개토 대왕이 활발한 정복 사업을 펼친 까닭도 단순히 영토를 넓히겠다는 생각에서가 아니고, 고구려를 중국의 영향을 받지 않는 독립된 나라로 성장시키겠다는 뜻에서였거든.

광개토 대왕은 평양 지역에 아홉 개의 절을 짓기도 했어. 그만큼 불교를 중요하게 여기는 정책을 펼쳤다는 이야기야. 그런데 안타깝게도 서른아홉 살의 젊은 나이로 세상을 뜨고 말았단다. 광개토 대왕은 왕이 된 후 20년 동안 전쟁터에서 살다시피 했는데, 그런 탓에 오래 살지 못했는지도 몰라.

고구려는 광개토 대왕에 이어 왕위에 오른 장수왕

때 더욱 뻗어 나가 전성기를 맞게 된단다.

장수왕은 북쪽으로 힘껏 뻗어 나갔던 광개토 대왕과 달리 남쪽으로 뻗어 나가는 정책을 펼쳤어. 이를 위해 북쪽 압록강 가에 있는 국내성에서 남쪽의 대동강 가에 있는 평양성으로 도읍을 옮겼지(427년).

장수왕이 남쪽으로 뻗어 나가려 한 것은 백제와 신라를 압박함은 물론, 바다로 진출해서 남중국과 적극적으로 교류하려는 뜻도 있었어.

남쪽으로 뻗어 나가려는 장수왕의 정책은 백제와 신라에게 큰 위협이 되었지. 두 나라 모두 고구려에 맞설 만한 힘이 없었거든. 그래서 두 나라는 동맹을 맺고 고구려와 맞섰어. 이것을 '나제 동맹'이라고 해.

그러나 나제 동맹도 고구려를 막는 데 도움이 되지는 못했어. 고구려는 백제를 공격해서 한성을 함락시키고 한강 남쪽 지역까지 진출했지. 백제 개로왕 때의 일이란다(475년).

고구려는 계속해서 정복 전쟁을 펼쳤어. 그리고 아산만에서 소백산맥을 넘어 영일만에 이르는 지역을 차지하게 되었지. 이와 같은 사실은 충청북도 충주에 있는 중원 고구려비를 통해

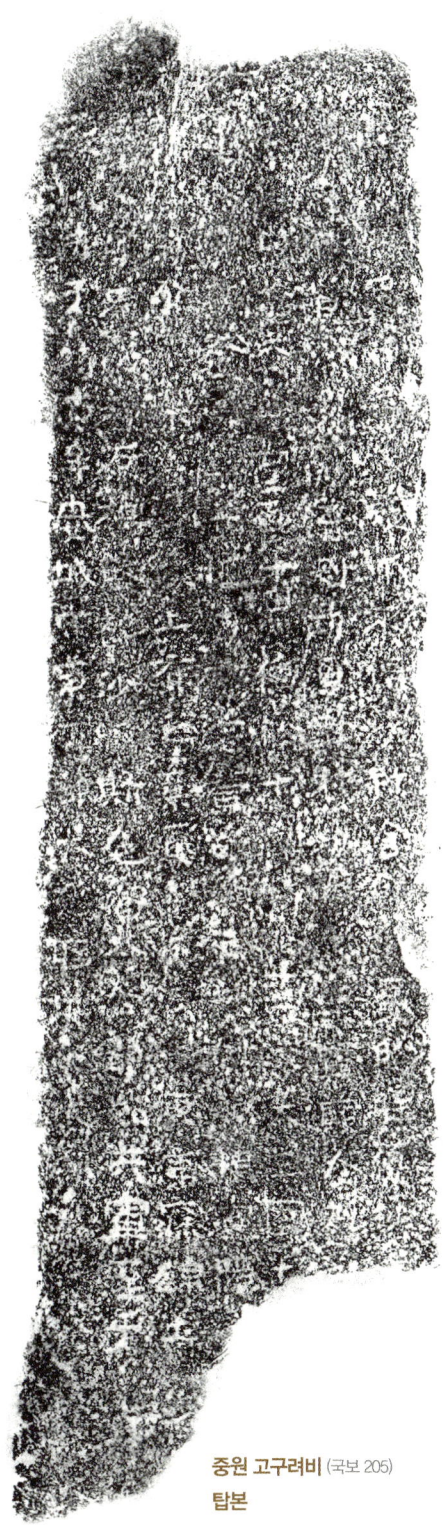

중원 고구려비 (국보 205)
탑본

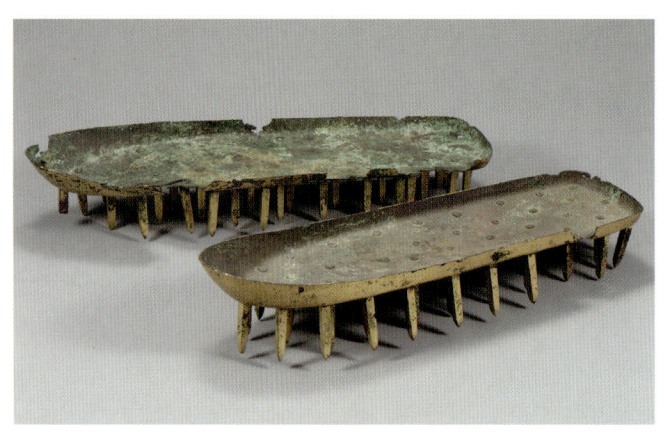

금동 신발
신발 바닥에 빼곡하게 못을 박은 고구려의 금동 신발이란다. 일상생활용이 아니라, 껴묻거리용 신발로 보고 있지. 또 고구려 고분에는 이 유물처럼 바닥에 못 박은 신발을 신고 말 타는 모습을 그린 벽화도 남아 있어.

서 알 수 있어. 이로써 고구려는 서쪽으로 랴오허 강, 북쪽으로 개원, 남쪽으로는 아산만에서 죽령에 이르는 광대한 영토를 차지했단다. 광개토 대왕 때보다 영토가 더 넓어진 거야.

고구려는 막강해진 국력을 바탕으로 중국의 남북조를 비롯한 여러 세력과 외교 관계를 맺어 강국으로서의 위세를 떨쳤단다. 장수왕은 39세의 젊은 나이에 세상을 뜬 아버지 광개토 대왕과 달리 98세까지 장수했어. 백제를 공격할 때 나이는 82세였지.

다시 일어서는 백제

백제의 개로왕은 고구려의 공격으로 한성이 함락될 때 사로잡혔어. 그리고 아차산성으로 끌려가 죽음을 당했어. 왕뿐이 아니었지. 왕비와 왕자도 죽음을 당하기는 마찬가지였어.

다행히 개로왕의 아들 여도는 화를 면했어. 여도는 사태를 수습하기 위해 서둘러 왕의 자리에 올랐지. 그런 다음 한성에서 웅진(지금의 공주)으로 도읍을 옮겼어. 그가 문주왕이야.

문주왕은 참담한 패배를 수습하고 나라를 다시 일으켜 세우려 노력했지만, 귀족 사이의 세력 다툼으로 어떤 일도 제대로

● 나제 동맹

고구려의 남진 정책에 맞서 동맹을 맺자고 먼저 제안한 것은 백제의 비유왕이었어. 그때 신라는 눌지왕이 다스리고 있었지.

눌지왕은 백제의 제안을 흔쾌히 받아들였어. 그 당시 신라는 고구려의 군사적 보호 아래 있었거든. 백제·왜나라·가야의 연합군이 신라를 침공했을 때 광개토 대왕의 도움을 받아 물리쳤다는 이야기는 앞에서 했지? 그 후부터 그렇게 된 거야.

신라가 백제의 동맹 제안을 받아들인 것은 고구려의 영향력에서 벗어나고 싶기 때문이었지. 두 나라의 이해관계가 맞아떨어져 어제의 적이 손을 잡았던 거야.

나제 동맹은 신라의 '라'와 백제의 '제'를 합쳐 만든 이름이었단다.

그럼 나제 동맹의 내용은 뭘까? 가장 중요한 내용은 '백제와 신라 두 나라 중 한 나라가 고구려의 공격을 받으면 구원군을 보내 도와준다.'는 거였어.

475년 백제가 고구려의 침공을 받았을 때, 신라는 나제 동맹에 따라 군사 1만 명을 보내 백제를 도우려 했지. 그러나 구원군이 도착하기도 전에 백제의 도읍 한성은 함락되고 말았어.

그 후에도 나제 동맹은 계속 유지되었어. 551년 백제 성왕은 가야를 나제 동맹에 끌어들여 고구려에 빼앗겼던 한강 유역을 되찾는 데 성공했어. 그러나 백제가 되찾은 한강 유역을 신라 진흥왕이 기습 점령하면서, 120년 동안 이어졌던 나제 동맹은 깨어지고 말았지.

할 수가 없었어. 그는 결국 귀족들 세력 다툼의 희생양이 되어 왕의 자리에 오른 지 2년 만에 살해되고 말았단다.

나라 발전의 젖줄이나 다름없던 한강 유역을 잃게 된 백제는 나라 힘이 크게 약해졌지. 엎친 데 덮쳐 왕이 연이어 피살되는 등 정치적 혼란이 계속됐어. 이에 동성왕은 신라 왕실과 혼인을 맺어 고구려에 맞서는 한편, 신진 세력을 등용해서 왕권을 강화하려 했어. 그렇지만 동성왕마저 피살되고 말았단다.

6세기 들어 무령왕이 즉위하면서 백제는 비로소 안정을 되찾기 시작했어. 무령왕은 귀족 세력을 견제해 왕권을 안정시키고, 지방 요지인 '담로'에 왕족을 파견해 지방 통제를 강화했지. 담로는 '성'을 의미하는 백제의 행정 구역이야.

무령왕은 성품이 너그러워 백성의 민심도 크게 얻었단다. 전쟁과 굶주림을 견디지 못해 도망쳤던 백성이 안심하고 돌아와 농사를 지을 수 있게 했어.

또 중국의 양나라와 국교를 맺고 문화 교류에도 힘썼지.

무령왕의 이와 같은 노력으로 백제는 차츰 나라 힘을 회복할 수 있었어.

무령왕의 뒤를 이어 왕의 자리에 오른 이는 성왕이야.

성왕은 도읍을 웅진에서 사비(지금의 부여)로 옮겼어. 웅진을

성왕
백제의 제26대 왕이었던 성왕의 초상이야. 백제의 국력을 다시 일으키는 데 힘썼던 왕이었지. 성왕은 신라에게 빼앗긴 한강 유역을 되찾고자 노력했지만 실패로 돌아가고, 554년에 숨을 거뒀어.

전부 명표석 사비는 백제의 마지막 도읍이었어. 사비는 다섯 부로 나뉘어 있었는데 그중 하나가 '전부'였단다. 이 유물의 이름은 '전부를 표시해 주는 비석'이라는 뜻에서 붙은 거야.

계속 도읍으로 삼기에는 지역이 너무 좁았거든. 그래서 금강 유역의 넓은 평야 지대인 사비로 옮긴 거야. 사비는 바닷길을 통해 해외로 진출하기에도 유리했지.

또 성왕은 '부여를 계승한 나라'라는 뜻으로 나라 이름을 '남부여'로 고치고, 국가 조직을 크게 정비해 중앙 집권 체제를 강화했어.

한편 신라에 사신을 보내 우호 관계를 더욱 돈독히 하고 중국의 남조와도 활발하게 교류했지. 뿐만 아니라 왜나라와도 우호 관계를 이어 가며 불교 등 여러 문물을 전해 주었어.

이와 같이 국가 체제를 정비하고 힘을 기르면서 고구려에 대한 복수의 칼을 갈아 오던 성왕은 마침내 행동을 취했단다. 잃어버린 한강 유역을 되찾기 위해 고구려 정벌에 나섰던 거야.

나제 동맹에 따라 신라의 진흥왕은 군대를 보내 주었어. 또

능사의 오층목탑
능사는 사비에 있는 백제의 왕실 사찰이었어. 성왕의 명복을 기리고자 만들었지. 오늘날 우리가 만날 수 있는 백제 능사는 옛 기록을 바탕으로 다시 만든 거야. 이곳의 오층목탑은 높이가 38미터나 된다고 하는구나.

부여 금성산 출토 청동제 소탑편
백제의 건축 양식을 확인할 수 있는 아주 소중한 유물이야. 부여에 복원해 둔 '백제 능사의 오층목탑' 역시 이 유물을 참고하여 만들었어.

백제는 가야의 도움도 받을 수 있었단다. 백제·신라·가야의 동맹군은 마침내 한강 유역의 옛 백제 땅을 되찾을 수 있었어.

당시 고구려는 권력 투쟁으로 왕이 잇따라 피살되는 등 나라 형편이 무척 어지러웠어. 그래서 동맹군을 막아 낼 형편이 못 되었지. 그런 기회를 놓치지 않고 동맹군은 한강 상류까지 점령해 버렸어.

그러나 성왕이 바라던 행복한 결말은 이뤄지지 않았어. 한강 상류 지역을 점령한 신라군이 백제군을 공격한 거야. 백제군은 신라군의 기습 공격에 우왕좌왕했고, 신라군은 그 틈을 타 한강 하류까지 점령해 버렸단다.

신라의 배신에 화가 난 성왕은 친히 군사를 이끌고 신라를 공격했어. 그러나 관산성(지금의 충청북도 옥천)에서 전사하고 말았지. 이렇게 해서 나제 동맹은 깨어졌어. 그리고 삼국 사이의 세력 다툼도 백제와 고구려가 힘을 합쳐 신라를 공격하는 모양새가 되었단다.

치미 치미란 우리말로 '망새'라고 해. 옛 건축물의 용마루 끝에 얹었던 장식 기와를 말한단다. 이 치미는 부여에 있는 백제의 절터에서 발견했는데, 봉황의 날개와 같은 형태가 특징이야.

신라의 발전

신라가 본격적인 발전을 시작한 것은 6세기 지증왕 때 이르러서야. 삼국 중 가장 늦었지. 한반도의 동남쪽에 치우쳐 있는 데다 큰 산맥으로 둘러싸여서 외부와 교류가 어려웠고, 왜나라의 침략을 자주 받아 세력을 키우기 어려웠던 거야.

지증왕은 소를 이용한 밭갈이를 장려하고 저수지를 많이 만드는 등 농사를 지어 많은 수확을 거둘 수 있도록 노력했지. 나라가 발전하려면 경제력이 뒷받침되어야 하거든. 그래서 농업 생산성을 높이기 위해 많은 노력을 기울였던 거야.

이사부
신라 제22대 지증왕부터 제23대 법흥왕, 제24대 진흥왕 대에 활약했단다. 이사부 장군은 울릉도와 독도를 신라 땅으로 만들었어. 또 가야, 고구려, 백제의 땅을 빼앗아서 신라의 영토를 크게 넓혔던 주인공이었지.

그런 기반 위에서 정치도 개혁해 나갔어. 앞에서도 이야기한 것처럼 나라 이름을 '신라'로 바꾸고 '왕'이라는 호칭도 처음 사용했지. 지방에 주군제를 실시해 관리를 파견함으로써 왕권과 중앙 집권 체제도 더욱 강화했어.

또 밖으로는 동해안 지역까지 영토를 넓히고, 이사부 장군을 시켜 우산국(지금의 울릉도)도 정복했어. 울릉도와 독도는 이때부터 우리나라 역사에 들어오게 됐지.

지증왕을 이야기할 때 또 하나 빼놓을 수 없는 것은 순장을 금지한 거야.

그동안 신라에는 왕이나 왕비, 귀족이 죽으면 그들이 거느렸던 무인과 노비를 함께 묻는 순장 제도가 있었지. 사람이 죽은

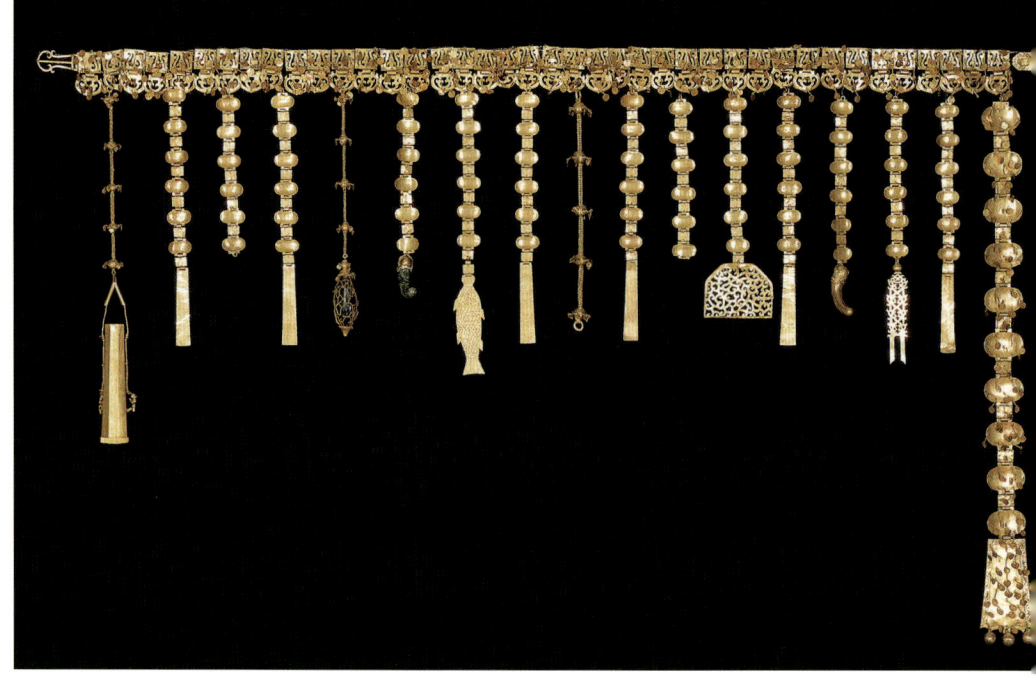

금관총 금제 허리띠 (금허리띠) (국보 88)
국보 제88호로 지정된 금으로 만든 허리띠야. 금 허리띠에 옥, 물고기 모양 등의 장식을 주렁주렁 달아 만들었지. 이 금제 허리띠의 양쪽 끝에는 허리띠를 잠글 수 있는 고리도 달려 있어.

후에도 살아 있을 때와 같은 삶이 계속된다고 믿어서, 죽은 사람이 거느렸던 산 사람을 함께 묻은 거였어. 죽은 후에도 불편 없이 지낼 수 있도록 말이야.

지금 생각하면 참으로 끔찍한 제도지. 지증왕의 순장 금지령은 피지배층에게 큰 환영을 받았어. 순장 풍습이 사라진 후에는 무덤에 산 사람 대신 흙으로 만든 인형을 넣었단다.

지증왕의 뒤를 이은 법흥왕 때 신라는 더욱 발전했단다.

법흥왕은 먼저 병부를 설치해서 왕이 직접 군사 지휘권을 가지도록 했어. 군부를 장악한 거였지. 또 율령을 반포하고 17관등제를 실시했으며, 공복(관리가 조정에 나갈 때 입는 옷)도 새로 정

> ◯ **17관등제**
>
> 17관등제는 벼슬, 곧 관직의 등급을 17단계로 나눈 제도를 말해. 신분에 따라 올라갈 수 있는 관등이 정해져 있었어. 1관등인 이벌찬부터 5관등인 대아찬까지는 성골과 진골 혈통만 오를 수 있었단다. 그리고 6관등 이하는 대부분 지방 관직으로, 6두품에서 4두품까지 관직에 오를 수 있는 자격이 주어졌지.
>
> ● **17관등의 명칭**
> ① 이벌찬 ② 이찬 ③ 잡찬 ④ 파진찬 ⑤ 대아찬 ⑥ 아찬 ⑦ 일길찬 ⑧ 사찬
> ⑨ 급벌찬 ⑩ 대나마 ⑪ 나마 ⑫ 대사 ⑬ 사지 ⑭ 길사 ⑮ 대오 ⑯ 소오 ⑰ 조위

했어. 그리고 왕을 대신해서 귀족 회의를 주관하는 상대등을 설치했고, 신분 제도인 골품 제도도 정비했어. 이와 같은 제도 정비를 통해 왕이 다양한 세력을 직접 통제할 수 있게 되었단다.

이차돈의 순교로 불교도 공인하게 되었어. 불교의 공인은 나라 사람들의 신앙을 통일해서 왕권 중심의 국가 체제를 확립하는 데 크게 이바지했단다. 그때까지 신라는 지역마다 각각 다른 전통적인 신앙을 가지고 있어서, 나라 힘을 하나로 모으는 데 어려움이 많았거든.

또 법흥왕은 이웃에 있는 금관가야를 계속 압박해서 병합했어. 마침내 김해 지역까지 영토를 확장해 낙동강 유역으로 뻗어 나갈 수 있는 발판을 마련한 거야.

중국처럼 연호도 사용했지. '건원'이라는 연호야. 연호의 사용은 발전된 국가 모습과 강화된 왕권을 나라 안팎에 크게 드러내

🟡 이차돈의 죽음과 신라의 불교

신라에 처음 불교가 전파되었던 것은 눌지왕(재위 417~458년) 때야. 고구려의 장수왕이 승려 묵호자를 보내 불교를 전하려고 했지. 그러나 귀족 세력의 반발과 토착 신앙과의 마찰로 나라에서 공인을 받지 못했어. 묵호자는 일선군(지금의 경상북도 선산)에 있는 모례라는 사람 집에 숨어 몰래 불교를 전파했어.

신라에서 불교가 공인된 것은 한참 세월이 흐른 527년, 법흥왕 때였어. 법흥왕은 불교가 백성 사이에서 인기를 얻는 것을 보고, 나라에서 불교를 인정해 백성의 지지를 얻고 왕권을 강화하려 했지. 그러나 귀족의 강한 반대에 부딪쳐 뜻을 이룰 수가 없었어. 그러자 법흥왕이 아끼던 신하 이차돈이 나섰단다. 그는 "만일 부처가 있다면 내가 죽은 후 반드시 기이한 일이 있을 것이다."라고 말한 후 스스로 죽기를 원했어.

이차돈의 목을 베자 붉은 피가 아닌 흰 피가 솟구쳐 나왔어. 또 하늘이 깜깜해지고 천둥 번개와 함께 땅이 크게 흔들리며 꽃비가 내렸단다.

모두가 놀라고 두려워했지. 그래서 법흥왕은 귀족의 반대를 잠재우고 불교를 공인할 수가 있었어.

이차돈의 순교는 단순히 불교를 공인하게 되었다는 것 이상의 정치적인 의미를 가진 사건이었어. 법흥왕은 불교의 공인으로 귀족 세력을 억누르고 왕권을 강화할 수 있었거든. 그리고 신라는 중앙 집권적인 기틀을 갖춘 국가로 발전해 나갈 수 있었고, 그 후 찬란한 불교문화가 꽃피고, 삼국 통일의 밑거름이 된 화랑도 역시 불교 정신을 바탕으로 발전했단다.

이차돈 순교비 불교를 널리 퍼뜨리기 위해 순교한 이차돈을 위해 세운 비석이야. 이차돈 순교비는 여섯 면으로 되어 있는데, 다섯 면에는 글자를 새겼고 다른 한 면에는 순교를 당하는 이차돈의 모습을 새겼어. _국립경주박물관

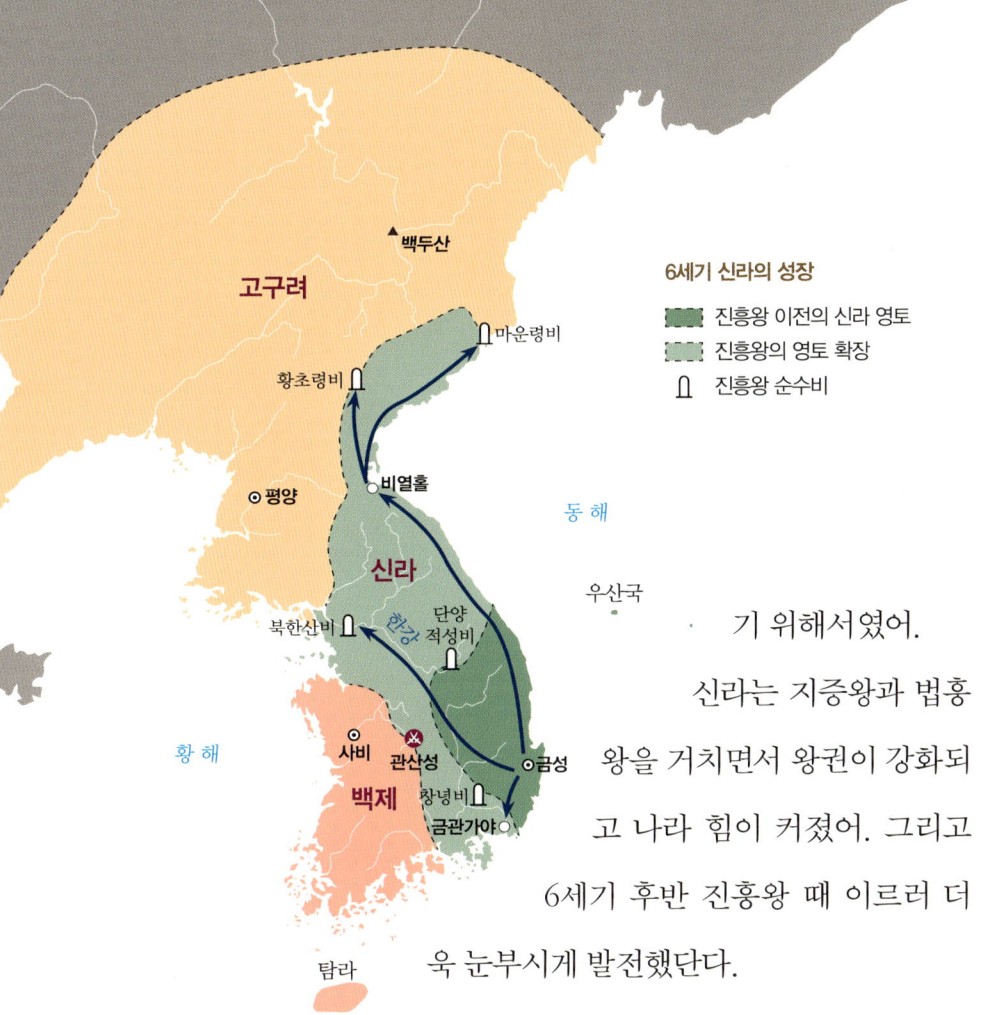

기 위해서였어.

신라는 지증왕과 법흥왕을 거치면서 왕권이 강화되고 나라 힘이 커졌어. 그리고 6세기 후반 진흥왕 때 이르러 더욱 눈부시게 발전했단다.

진흥왕은 먼저 유능한 청소년을 길러 내던 단체인 화랑도를 국가적인 조직으로 개편했어. 그래서 많은 인재를 길러 냈고, 이들은 나중에 삼국을 통일하는 데 크게 이바지했단다.

또 불교의 보호와 발전에도 많은 힘을 썼어. 그래서 경주에 황룡사라는 큰 절을 짓고 대규모 불교 법회를 열어 국가의 평안과 발전을 빌었지.

이와 같이 안으로 국가의 기반을 굳게 다진 진흥왕은 적극적으로 영토를 넓히는 데 힘을 쏟았어. 먼저 고구려의 장수왕에게 빼앗겼던 한강 유역을 되찾기 위해 백제와 손을 잡았지. 그때 고구려는 내분과 북방 민족의 침입으로 어려움을 겪고 있었기 때문에, 신라에게는 좋은 기회였거든.

신라군과 백제군은 고구려를 쳐서 한강 상류와 하류 지역을 모두 차지할 수 있었지. 그 후 신라군은 백제군을 공격해서, 백제가 차지하고 있던 한강 하류까지 모두 차지해 버렸어.

진흥왕의 정복 전쟁은 계속됐단다. 고령의 대가야를 정복해 낙동강 유역을 완전히 차지하고, 다시 북쪽으로 방향을 돌려 동해안을 따라 함흥평야까지 진출했어.

진흥왕은 새로 차지한 영토를 돌아다니며 순수비를 세웠어. 바로 가야를 정복하고 세운 창녕 신라 진흥왕 척경비(국보 33), 한강 유역을 차지하고 세운 북한산 신라 진흥왕 순수비(국보 3), 함경도 지역으로 진출해서 세운 마운령비(북한 국보 111)와 황초령비(북한 국보 110)야. 순수는 '두루 살피며 돌아다닌다.'는 뜻으로, 이러한 순수비는 신라가 어떻게 영토를 확장했나를 잘 알려 주고 있지.

고구려와 백제를 몰아내고 한강 유역을 완전히 차지한 신라는 경제 기반이 크게 탄탄해졌어. 또 군사적 거점을 확보하여 삼국 사이의 세력 다툼에서 주도권을 거머쥐게 되었어. 그뿐만

북한산 신라 진흥왕 순수비 (국보 3)
진흥왕이 백제의 영토였던 한강 유역을 빼앗고, 그 일대를 돌아본 기념으로 만든 비석이야. 조선 시대에는 무학 대사의 비석으로 알았는데, 1816년에 진흥왕 순수비란 사실이 밝혀졌단다.

● 신라와 백제의 운명을 가른 관산성 전투

관산성 전투에 대해서 좀 더 알아보도록 하자꾸나.

관산성 전투는 신라와 백제의 운명을 가른 중요한 전투였어. 백제와 신라의 동맹군이 고구려를 공격해서 빼앗겼던 한강 유역을 되찾았다는 이야기는 이미 했지. 동맹을 맺는 동지답게 신라는 한강 상류를, 백제는 한강 하류를 사이좋게 나눠 가졌어.

그런데 2년 뒤 진흥왕이 갑자기 한강 하류의 백제군을 공격했단다. 진흥왕은 상류보다 기름진 땅이 많고 뱃길로 중국과 직접 교류할 수 있는 한강 하류 지역이 탐났던 거야.

갑작스런 신라군의 공격에 당황한 백제군은 우왕좌왕하다 크게 패해 한강 하류까지 신라군에 내주고 말았어. 당연히 백 년 넘게 이어 오던 나제 동맹도 깨어졌지.

화가 난 성왕은 신라로 쳐들어갔어. 지금의 충청북도 옥천 지역인 관산성에서 전투가 벌어졌어. 처음에는 백제군이 신라군을 압도했단다. 그러자 신라에서 구원군을 보냈지. 신라군은 구원군이 와서 용기를 얻었고, 백제군을 크게 물리쳤어. 더욱이나 이 전투에서 백제의 성왕까지 전사하고 말았단다.

관산성 전투의 승리로 신라는 한강 지역을 하류까지 확실하게 장악해, 나라 발전의 발판을 더욱 튼튼히 다지게 되었어. 기름진 땅을 영토로 확보하고 중국과 직접 교류할 수 있는 뱃길도 열렸으니까.

반면 백제의 나라 힘은 점점 움츠러들게 되었지. 두 나라의 운명은 그렇게 갈리게 된 거야. 참, 관산성 전투에서 구원군을 이끌고 온 신라 장군이 누구였는지 아니? 다름 아닌 김유신의 할아버지 김무력이었단다.

아니라 당항성을 통해 중국과 직접 교역을 할 수 있는 통로가 마련됐단다.

　진흥왕은 이처럼 강력해진 나라 힘을 바탕으로 스스로를 '태왕'이라 칭하고 '개국'이라는 연호도 사용했어. 그래서 막강해진 왕권과 국력을 나라 안팎에 과시했지.

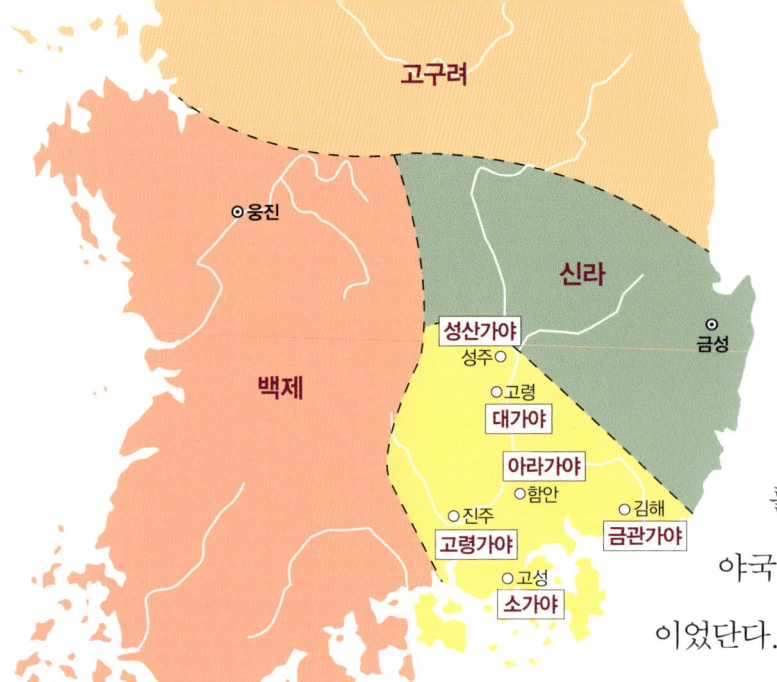

6가야의 위치

가야의 발전과 멸망

가야는 낙동강 하류의 변한 땅에서 출발했어. 초기에는 금관가야를 중심으로 여섯 개의 가야국이 모여 만든 연맹 왕국이었단다. 연맹 왕국이란 여러 마을로 이루어진 작은 나라 여럿이 하나의 우두머리 나라를 중심으로 뭉친 형태를 말해.

금관가야는 철이 풍부해 일찍부터 철기 문화가 발달했어. 또 지리적으로도 육지와 바다가 만나는 낙동강 하류에 자리 잡고 있어 해상 활동에 유리했지. 그래서 질 좋은 철로 만든 무기 등 다양한 철제 도구를 중국과 낙랑, 일본에 수출할 수 있었어. 제주도에 무역 기지를 건설하고 일본 규슈까지 배를 타고 가서 팔았다고 해.

《삼국유사》에는 가야의 첫 번째 왕인 수로왕이 인도 남동부

덩이쇠의 제작과 수출 과정

① 대장간

② 철기 제련

에 있는 아유타국에서 배를 타고 온 공주 허황옥과 결혼했다는 이야기가 나오지. 이것은 가야의 해상 활동이 얼마나 활발했는지를 말해 주는 일화이기도 해.

또 가야는 철을 화폐로 사용하기도 했어. 철을 '덩이쇠'로 만들어 화폐처럼 사용했던 거야. 덩이쇠는 철에 들어 있는 불순물을 없애는 정련 과정을 거친 쇠를 말해. 불에 달궈 두드리면 원하는 모양의 도구를 쉽게 만들 수 있었지. 그만큼 값어치가 있는 쇳덩이였다는 이야기야. 덩이쇠는 '철정'이라고도 한단다.

덩이쇠
철의 나라 가야에서 화폐처럼 사용했던 덩이쇠야. 이 시절에는 덩이쇠가 부와 권력의 상징이었단다. 가야의 덩이쇠는 가야 밖 외국으로도 많이 수출되었어.

풍부한 철을 바탕으로 부유해진 가야는 이를 바탕으로 수준 높은 문화를 꽃피웠어. 그러나 신라와 백제 사이에 끼어 있어서 밖으로 세력을 넓히기가 힘들었어. 게다가 4세기 이후에는 백제와 신라가 성장하면서, 오히려 두 나라의 팽창에 밀려 세력이 점점 약해졌지.

③ 철기 유통

④ 철기 수출

6. 삼국의 발전과 가야 | 113

굽다리 접시
'굽'이란 접시 같은 그릇 바닥에 붙인 받침을 뜻해. 따라서 '굽다리 접시'란 굽이 다리처럼 긴 접시를 말하지. 이 굽다리 접시는 4세기 말~5세기 초에 가야에서 많이 만들었던 모양이야.

가야 연맹이 결정적으로 흔들리게 된 것은 400년 이후부터야. 신라 공격에 나섰던 백제와 왜나라를 도왔다가, 신라를 구원하러 온 고구려군의 공격을 받아 큰 타격을 입었거든. 그 후 금관가야 중심의 가야 연맹은 해체되었고, 세력권도 낙동강 서쪽 지역으로 움츠러들었어.

금관가야 이후 가야 연맹을 이끌어 간 나라는 고령의 대가야였단다. 대가야는 경상도 내륙에 자리 잡고 있어서 고구려의 공격에 직접적인 피해를 받지 않았어. 그래서 세력을 보존하면서 우수한 철기 문화를 바탕으로 나라 힘을 키워 나갈 수 있었어.

대가야 중심의 가야 연맹은 금관가야가 이끌었던 전기 가야 연맹과 구분하여 후기 가야 연맹이라고 해.

5세기 후반, 대가야는 삼국이 대립하는 틈을 타 섬진강 하류와 소백산맥 서쪽까지 세력을 넓혔어. 또 중국의 남조와 교류하고, 백제와 함께 고구려의 침입을 받은 신라를 도와주기도 했지.

그러나 가야는 연맹 국가 단계에 머문 채 강력한 왕권을 가진 중앙 집권 국가로 발전하지 못했어. 작은 나라 여럿이 독자적인 정치 기반을 유지하는 바람에 힘을 하나로 모으지 못했거든.

더욱이 6세기에 이르러 백제와 신라가 경쟁적으로 가야 지역을 압박해 오면서 후기 가야 연맹도 쇠퇴의 길을 걷게 되었지.

대가야는 신라의 왕실과 결혼하는 등 동맹을 맺어 백제의 침략을 막아 내려 했으나, 이는 오히려 신라의 침략을 끌어들이는 결과를 낳았어.

대가야는 결국 신라 진흥왕의 공격을 받아 멸망하고 말았단다(562년). 금관가야가 법흥왕 때 신라에 병합된 이후 대가야까지 멸망함으로써, 500년 동안 이어졌던 가야 연맹은 완전히 사라지고 말았지.

가야 연맹은 비록 중앙 집권 국가로 발전하지 못한 채 멸망하였지만, 우륵의 가야금 등 우수한 가야 문화는 신라에 그대로 전해져 신라 문화 발전에 큰 영향을 미쳤단다. 또 신라의 이름난 인물 가운데는 가야 출신이 많아. 대표적인 인물은 바로 삼국 통일의 주역이었던 김유신일 거야.

그뿐이 아냐. 가야의 일부 세력은 왜나라로 진출해서 일본의 고대 문화 발전에 크게 이바지했어.

긴 목 항아리
긴 목 항아리는 신라의 대표적인 토기였어. 항아리가 둥글고, 목 부분이 넓은 게 특징이지. 그러나 이 토기는 특이하게도 가야 땅에서 발견되었어. 가야가 바로 옆에 있던 신라의 영향을 많이 받았기 때문일 거야.

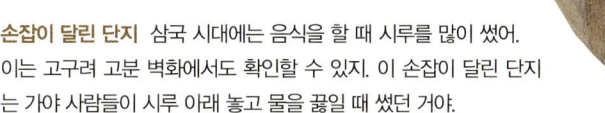

손잡이 달린 단지 삼국 시대에는 음식을 할 때 시루를 많이 썼어. 이는 고구려 고분 벽화에서도 확인할 수 있지. 이 손잡이 달린 단지는 가야 사람들이 시루 아래 놓고 물을 끓일 때 썼던 거야.

7

삼국의 생활과 문화

삼국 시대 사람들은 어떻게 살았을까? 무엇을 어떻게 먹고, 어떤 옷을 입고, 어떤 집에서 살았을까? 또 어떤 학문과 예술이 발달했을까? 삼국 시대 사람들이 믿었던 종교는 무엇이고, 그 흔적은 어디에서 찾을 수 있을까? 그리고 외국의 어떤 나라와 무엇을 교류했을까? 삼국 시대 사람들은 어떻게 살았는지, 그 생생한 현장을 직접 확인해 보는 시간이란다.

삼국의 생활과 문화

7

삼국 시대 사람들은 어떻게 살았을까? | 삼국의 학문과 과학 기술 | 삼국의 종교와 예술 | 삼국의 고분 문화 | 삼국과 이웃 나라의 교류

삼국 시대 사람들은 어떻게 살았을까?

지금까지 고구려, 백제, 신라가 서로 겨누고 협력도 하면서 발전해 온 이야기와, 가야 연맹의 발전과 멸망에 대한 이야기를 했지. 그럼 그 시대 사람들은 어떻게 살았을까?

삼국 시대의 장터 풍경

삼국 시대의 공방 모습

이번에는 삼국 시대 사람들이 어떤 옷을 입고, 무슨 음식을 먹었으며, 어떤 집에서 살았을지 알아보도록 하자꾸나. 삼국 시대 사람들의 의식주 생활에서 가장 큰 특징은 신분에 따라 입는 옷, 먹는 음식, 사는 집의 모양이 모두 달랐다는 점이야.

먼저 옷에 대해서 알아볼까?

평민은 대개 거친 베로 짠 옷을 입었어. 그럼 추운 겨울에는? 겨울에도 베옷을 껴입거나 질이 떨어지는 짐승 가죽으로 옷을 만들어 입었지.

귀족의 옷은 평민의 옷보다 훨씬 고급스러웠어. 비단이나 명주로 옷을 만들어 입었으니까. 또 겨울에는 질이 좋은 짐승 가죽이나 털로 옷을 만들어 입었단다.

안악 3호분 벽화 가운데 〈묘주〉
안악 3호분은 북한의 황해남도 안악군에 있는 고구려의 고분이야. 이 고분에는 고구려의 생활상을 볼 수 있는 벽화가 참 많아. 그림 속의 사람은 묘주, 곧 이 무덤의 주인이란다.

7. 삼국의 생활과 문화 | 119

수산리 고분 벽화 가운데 〈여인들의 행렬〉
수산리 고분은 북한의 평안남도에 있어. 이 벽화는 고구려 여인들의 모습이 담겨 있는데, 맨 앞에 있는 가장 큰 여인이 묘주 부인이야. 그리고 시녀들은 작게 그렸지.

그럼 옷의 모양은 어땠을까? 그때는 남녀의 옷 모양이 거의 같았다고 해. 남자와 여자 모두 평소에 입는 옷은 긴 저고리와 헐렁한 바지였지. 다만 여자들은 바지 위에 주름치마를 덧입었어. 그리고 머리에 띠를 두르고 볼에 연지를 찍어 화장도 했단다.

이번에는 무슨 음식을 어떻게 조리해서 먹었는지 알아볼까?

평민에게는 조, 기장, 보리, 콩, 도토리 등이 중요한 먹을거리였단다. 6세기 이후에는 철제 농기구와 소를 이용해서 밭갈이를 하고 저수지도 만들어 벼농사를 많이 짓게 되었어. 그렇지만 쌀밥은 귀족이나 먹을 수 있었지.

처음에 음식을 만들었을 때는 토기에 물과 곡식을 함께 넣고 끓여서 먹었어. 그 후 시루가 발명되어 곡식을 쪄서 먹게 되었지. 오늘날처럼 밥을 지어 먹게 된 것은 철기가 보급되고 쇠로 만든 솥이 등장하면서부터야.

밥을 먹으려면 반찬도 있어야겠지? 반찬으로는 무를 소금에 절여 만든 김치와 콩으로 만든 된장, 젓갈 등을 주로 먹었대. 물론 고기도 먹었어. 돼지고기, 닭고기, 사슴 고기, 꿩고기를 주로 먹었지.

소고기는 안 먹었느냐고? 소는 우리나라에 늦게 들어온 데다 주로 농사를 짓는 데 이용했지. 또 고기는 왕과 귀족이나 즐겨 먹었고, 평민은 1년에 몇 차례 특별한 날에만 먹을 수 있었단다.

참, 삼국 시대 사람들은 오늘날처럼 아침, 점심, 저녁 세끼를 먹지 않았어. 아침저녁으로 두 끼만 먹었대.

그럼 삼국 시대 사람들은 어떤 집에서 살았을까? 평민들은 귀틀집이나 초가집에서 살았어.

안악 3호분 벽화 가운데 〈주방, 육고, 차고〉
고구려 사람들의 일상생활을 보여 주는 벽화란다. 왼쪽은 부엌이야. 부뚜막과 아궁이, 음식을 만들고 있는 사람들이 보이지? 가운데에는 고기를 보관한 육고가 있구나. 오른쪽에 있는 건 수레를 세워 둔 차고야.

부뚜막
철로 만든 고구려의 부뚜막이야. 왼쪽에 위로 솟은 부분은 굴뚝인데, 중국과는 다른 고구려 부뚜막의 특징이라고 할 수 있어.

7. 삼국의 생활과 문화 | 121

집 모양 토기
5~6세기 무렵 고구려에서 만든 토기야. 지붕 쪽에 나란히 파인 세로줄에서 기와집이라는 사실을 알 수 있어. 또 네모난 문 하나와 동그란 창문 두 개를 파서 진짜 집처럼 만들었지.

귀틀집이 뭐냐고? 통나무를 '우물 정(井)' 자 모양으로 쌓아 올린 후, 통나무와 통나무 사이를 흙과 돌로 막고 지붕을 얹어 지은 집이야. 초가집은 나무 기둥을 세운 후 짚풀 더미와 흙으로 벽을 만들어 지었어.

물론 귀족은 평민이 사는 집처럼 초라한 집에서 살지 않았어. 멋진 기와집을 짓고 살았지. 방 안은 휘장으로 호화롭게 장식하고 침상과 탁자도 놓고 말이야. 또 곡식이나 여러 도구를 보관하기 위한 창고도 따로 지었단다.

지금까지 삼국 시대 사람들의 살아가던 모습에 대해서 알아보았는데, 이러한 의식주 생활 모습은 여러 고분에서 발견된 벽화 등에 잘 드러나 있단다.

삼국의 학문과 과학 기술

삼국은 주변 나라들과 경쟁하고 교류도 하면서 성장했지. 그 과정에서 서로 영향을 주고받으며 나라마다 독특한 문화를 발전시켜 나갔단다.

먼저 삼국의 학문과 과학 기술에 대해서 알아보도록 하자.

삼국은 중국과의 활발한 교류를 통해 학문과 과학 기술을 발전시켜 나갔어. 그중 첫 번째로 꼽을 수 있는 것은 중국으로부터 한자와 유학을 받아들인 일이야.

한자와 유학을 받아들인 삼국은 이를 가르쳐 인재를 양성하기 위한 교육에 힘쓰게 되었어.

고구려는 소수림왕 때 도읍에 '태학'이라는 교육 기관을 만들어 유교 경전을 가르쳤어. 또 지방에는 '경당'을 세워 한학과 무술을 가르쳤지.

● 삼국 시대의 냉장고

삼국 시대에도 냉장고가 있었느냐고?
물론 있었지. 그러나 오늘날과 같은 냉장고는 아니었어. 겨울에 얼음을 얼려서 보관했다가 여름에 사용하기 위해 만든 얼음 저장 창고가 바로 삼국 시대의 냉장고였다고 할 수 있어. 지금 경주에 남아 있는 석빙고가 바로 대표적인 삼국 시대 냉장고야. 석빙고는 돌을 쌓아 올려 만든 얼음 저장 창고란다.
냉장고가 없던 시절에는 얼음을 잘 보관했다가 필요할 때 꺼내 쓰는 일이 매우 중요했어. 그래서 신라는 빙고전이라는 관청을 두어 얼음에 관한 모든 일을 맡게 했고, 얼음을 꺼내기 위해 빙고 문을 열 때는 제사를 먼저 지냈다고 해. 그와 같은 일은 고려 시대와 조선 시대까지 이어졌단다. 그럼 언제부터 얼음 저장고에 얼음을 보관했다 쓰기 시작했을까? 신라는 지증왕 때부터였고, 고구려는 유리왕 때부터 장빙고를 만들어 얼음을 보관했다고 해.

경주 석빙고 (보물 66)

임신서기석 (보물 1411)
임신서기석은 552년 또는 612년에 만든 것으로 보고 있어. 임신서기석에는 모두 일흔네 글자가 새겨 있는데, '임신년(壬申年)'이라는 글자로 시작하기 때문에 '임신서기석'이라고 불러. _국립경주박물관

백제는 오경박사와 의박사, 역박사 등을 두어 유교 경전과 기술학을 가르쳤어.

신라의 청소년도 유교 경전을 공부했다고 해. 그런 사실은 '임신서기석'을 통해 알 수 있어. 임신서기석은 충성을 맹세하는 내용을 새긴 신라의 비석이야.

또 삼국은 국가 체제를 정비하면서 역사책을 편찬하기 시작했어. 자기 나라의 역사를 정리하고 왕의 권위를 높이기 위해서였지. 고구려는 영양왕 때 《유기》 100권을 간추린 《신집》 다섯 권을 편찬했고, 백제는 근초고왕 때 박사 고흥이 《서기》를, 신라는 진흥왕 때 거칠부가 《국사》를 편찬했단다.

아쉽게도 이 책들은 지금 전하지 않고 있어.

경주에 있는 첨성대를 알고 있지? 첨성대는 우리에게 무엇을 말해 주고 있을까?

첨성대는 별자리를 관찰하기 위해 만든 거였지. 그러니까 이 시대 사람들이 천문학과 역법을 중요하게 여겼다는 것을 알 수 있게 해 줘.

삼국은 천체를 관측해서 왕의 권위를 하늘에 연결하고, 농사를 잘 짓기 위해 역법과 천문학을 중요하게 여겼던 거야. 고구려에서는 별자리를 그린 〈천문도〉도 만들었어. 고분 벽화에서 고구려 사람이 만든 〈천문도〉를 확인할 수 있지.

참, 첨성대는 7세기 선덕 여왕 때 만들었단다.

이번에는 삼국의 금속 기술에 대해서 알아볼까? 고구려에서는 철의 생산이 중요한 국가 산업이었다고 해. 그래서 철을 다루는 기술이 뛰어났지. 그런 기술을 바탕으로 우수한 철제 무기와 농기구를 만들었어.

고구려 고분 벽화에서는 철을 단련하는 모습이라든가, 수레바퀴를 만드는 기술자의 모습을 볼 수 있단다.

백제는 4세기 이후부터 제철 기술이 빠르게 성장했어. 백제의 근초고왕이 왜왕에게 보낸 '칠지도'는 백제의 빼어난 제철 기술과 금속 공예 기술을 잘 말해 주고 있단다.

칠지도는 강철로 만든 칼이야. 74.9센티미터의 곧은 칼날 양쪽에 가지 칼날이 세 개씩 뻗어 나와서 모두 일곱 개의 칼날로 이루어져 있어. 그래서 칠지도라고 하지. 또 앞뒤 양면에는 글자 61개가 새겨져 있어.

이 칼은 369년에 제작해서 372년 왜왕에게 하사했다고

칠지도 근초고왕이 왜왕에게 하사했다고 알려진 칠지도를 복원한 모습이야. 백제에서 만든 진짜 칠지도는 일본의 이소노카미 신궁에서 국보로 모시고 있어.

경주 첨성대 (국보 31)
첨성대는 천체 현상과 기상 상태를 연구하려고 만든 관측대였어. 또 동양의 관측대 가운데 가장 오래된 것이기도 하지. 하늘의 움직임과 날씨는 농사에 큰 영향을 미쳤기 때문에 예부터 무척 중요하게 여겼어.

7. 삼국의 생활과 문화

알려져 있어. 근초고왕이 다스리던 시절은 백제의 전성기였지.

또 백제 금동대향로(국보 287)나 고분에서 나온 금으로 만든 관장식과 귀걸이, 뒤꽂이 등도 화려하고 세련된 백제의 금속 공예 기술을 보여 주는 자료란다.

신라는 금세공 기술이 크게 발달했어. 고분에서 나온 금관 중에는 금으로 만든 것과 도금한 것이 있는데, 뛰어난 제작 기법과 아름다움이 돋보인단다.

삼국의 종교와 예술

고구려는 중국이나 북방 민족과 대결하면서 자연스럽게 그들의 문화를 받아들였어. 그러나 무조건 받아들인 것은 아니고 비판적으로 받아들였단다. 그래서 고구려 예술에서는 고구려 예술 작품만의 패기와 힘을 느낄 수 있어.

백제는 일찍부터 중국 문화를 받아들여 발전했어.

백제 금동대향로 (국보 287) 백제 예술의 총집합이라고 할 수 있는 아주 큰 향로야. 뚜껑에는 꼭대기의 봉황부터 수십 개의 산봉우리와 그 사이를 흐르는 계곡, 음악을 연주하는 악사, 용과 같은 상상 속의 동물이 있어. 그리고 아래 몸체 부분에는 섬세한 연잎이 부드럽게 감싸고 있지.

또 일본에 앞선 문화를 전해 주기도 했지. 백제 예술은 우아하고 귀족적이며 세련된 아름다움을 느낄 수 있는 것이 특징이야.

신라는 소박한 전통의 바탕 위에 고구려와 백제의 영향을 받으며 나름의 문화를 발전시켜 나갔지. 신라 예술품에는 조화의 아름다움이 담겨 있는 것을 문화적 특징으로 꼽을 수 있어.

그렇다면 우리나라 역사에 가장 큰 영향을 끼친 종교는 무엇일까? '불교'라는 말에 '아니다.'라고 할 사람은 별로 없을 거야. 불교는 삼국 시대에 처음 들어와 고려에 이르기까지 천 년 동안 우리나라의 역사와 문화 그리고 사람들의 생각에 커다란 영향을 미쳤지.

삼국 중 불교를 가장 먼저 받아들인 나라는 고구려야. 372년 소수림왕 때 중국 전진에서 순도라는 승려가 불상과 불경을 가지고 들어와 불교를 전해 줬어.

백제가 불교를 받아들인 것은 그로부터 12년 뒤야. 384년 침류왕 때 인도의 승려 마라난타가 불교를 전했지. 마라난타는 불교를 전파하기 위해 머나먼 인도에서 출발해 중국의 동진을 거쳐 백제까지 왔어. 그러나 고구려나 백제가 이때 처음 불교를 믿기 시작했다는 의미는 아냐. 이 연대는 왕실에서 공식적으로 불교를 인정했던 때를 말하는 것이고, 그 전에도 민간에는 이미

천마총 금관 (국보 188)
〈천마도〉로 유명한 천마총에서 발견한 신라의 금관이야. 6세기의 유물로 보고 있어. 특히 천마총 금관은 '황금의 나라 신라'라는 별명에 걸맞은 아주 섬세하고 화려한 모습으로 유명해. _국립경주박물관

익산 미륵사지 석탑
(국보 11)
전라북도 익산시에 있는 백제의 석탑이야. 무왕 때 세웠다고 보고 있지. 그러나 온전한 모습으로 남아 있지 않기 때문에 원래의 높이를 알 수가 없어. 지금은 6층까지만 남아 있단다.

불교가 퍼져 있었어.

  고구려나 백제와 달리 신라에서 불교를 받아들이는 과정은 순조롭지 못했어. 귀족 세력의 반대 때문이었지. 신라는 토착 신앙에 뿌리를 둔 귀족의 반대가 강해서, 왕도 불교를 나라의 종교로 쉽게 인정할 수 없었거든.

  법흥왕 때 이차돈이 불교를 위해 죽음으로써 신라에서도 비

128

로소 불교가 뿌리내리게 되었어. 고구려와 백제가 불교를 인정한 지 140년이나 지난 뒤의 일이야.

삼국이 적극적으로 불교를 받아들인 것은 왕권을 강화하고 중앙 집권 국가로 성장해 나가는 과정에서, 백성을 하나로 묶을 수 있는 새로운 정치적 이념이 필요했기 때문이었어.

그런 필요성에 따라 왕은 불교를 통해 '왕은 곧 부처'라는 믿음을 백성에게 심어 주어, 왕의 권위를 높이고 왕권을 강화할 수 있었지. 그래서 불교는 왕실의 보호를 받으며 국가적 신앙으로 발전해 나갔단다.

뿐만 아니라 불교와 함께 미술, 건축, 음악 등 여러 분야에서 선진 문화가 들어왔어. 삼국은 국가의 안녕과 발전을 기원하기 위해 큰 절을 지었지. 백제의 무왕이 지은 미륵사, 신라의 진흥왕이 지은 황룡사 등이 대표적인 절이라고 할 수 있어.

황룡사가 들어선 곳은 원래 진흥왕이 궁궐을 지으려고 했던 자리였다고 해. 그런데 황룡이 나타나는 바람에 절을 짓고 이름을 '황룡사'라고 했다더구나.

삼국은 절뿐 아니라 탑과 불상 등도 많이 만들었어. 그래서 찬란한 불교문화가 꽃피게 되었지.

그럼 불상과 탑에 대해 알아보도록 하자꾸나.

초기의 불상은 중국의 영향을 받아 만들었지. 그러나 차츰 삼국 고유의 특징이 담긴 불상을 만들게 되었어.

얼굴 무늬 수막새
'신라의 얼굴'이라고도 불리는 신라의 수막새야. 막새란 기왓등 끝에 붙이는 기와를 말해. 선덕 여왕 때 세운 '영묘사'란 절의 기와였을 거라고 추측하고 있어. _국립경주박물관

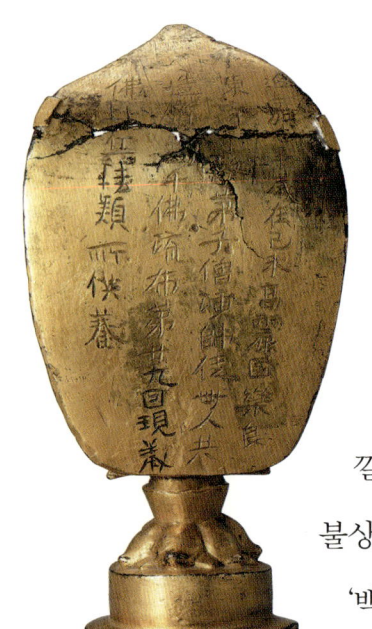

「연가 칠년」이 새겨진 금동불입상 (국보 119) 539년에 고구려에서 만들었어. 불상 뒷면에 '연가 7년에 만들었다.'고 새겨 두어서 언제 만들었는지 정확한 시기를 알 수 있지.

먼저 고구려의 불상을 보도록 할까? 고구려 불상은 긴 얼굴과 날씬한 몸매, 두꺼운 법복과 날카로운 옷자락이 특징이란다. 그런 특징이 잘 드러난 불상으로 「연가 칠년」이 새겨진 금동불입상(국보 119)이 있단다.

백제의 불상은 둥근 얼굴과 부드러운 미소, 자연스러운 곡선 등이 특징이지. 한국적인 인간미를 가장 잘 느낄 수 있는 불상이라고 할 수 있어. 이런 특징이 잘 나타난 불상으로 서산의 마애여래삼존상(국보 84)이 있지. 이 불상은 '백제의 미소'라고 불리기도 한단다.

신라의 불상은 입체감이 돋보이는 둥근 모양과 단순한 형태가 특징이야. 그래서 소박한 느낌을 준단다. 경주 배동의 '석조여래삼존입상'이 그런 특징이 잘 드러난 대표적인 신라 불상이라고 할 수 있어.

이번에는 탑에 대해서도 알아보자꾸나.

탑은 삼국 불교의 대표적인 건축물이라고 할 수 있어. 삼국 시대 초기에는 주로 나무(목탑)로 만들었으나, 후기로 가면서 돌(석탑)로 많이 만들게 되었지.

서산 용현리 마애여래삼존상 (국보 84) 충청남도 서산시에 있는 백제의 석불이야. 가야산의 절벽을 깎아 만들어서 규모도 어마어마하게 커. 가운데에는 여래상을, 왼쪽에는 반가 사유상을, 오른쪽에는 보살상을 조각했어.

탑에는 부처님의 사리를 넣어 두고 예배의 대상으로 삼았단다.

고구려에서는 목탑을 주로 만든 탓에 지금까지 남아 있는 것이 없어.

백제의 미륵사지 석탑은 목탑 양식으로 만든 초기 석탑이야. 그래서 탑의 양식이 목탑에서 석탑으로 변해 가는 과정을 알게 해 주지. 부여의 정림사지 오층석탑은 미륵사지 석탑의 양식을 계승한 것으로, 안정감 있고 세련된 아름다움을 보여 준단다.

신라의 대표적인 탑으로는 황룡사 구층목탑과 분황사 모전석탑을 꼽을 수 있어.

황룡사 구층목탑은 백제의 건축 기술자인 아비지의 도움으로 만들었어. 그러나 고려 시대에 몽골의 침입으로 불타 버리고 말았단다. 황룡사는 진흥왕 때 지었지만, 구층목탑을 만든 것은 선덕 여왕 때였어.

황룡사 구층목탑
황룡사 구층목탑의 실제 모습은 어땠을지 복원한 모습이야. 탑의 높이가 무려 66~67미터나 되었다고 해. 하지만 고려 시대에 몽골의 침입으로 불타 없어지는 바람에 정확히 알 수는 없어. 그래서 역사책을 바탕으로 상상하여 복원했단다.

분황사 모전석탑은 돌을 벽돌 모양으로 다듬어 쌓은 탑으로 선덕 여왕 때 만들었지. 지금은 3층까지만 남아 있어.

지금까지 삼국의 불교문화가 꽃피운 불교 예술에 대해서 알아보았는데, 삼국 시대에 새로 들어온 종교는 불교만이 아니었단다. 중국에서 도교 신앙도 전래되었어.

경주 분황사 모전석탑
(국보 30)
신라의 석탑 가운데 가장 오래된 것이야. 돌을 벽돌처럼 만들어 차곡차곡 쌓아 탑을 만들었지. 처음 지을 때는 9층이었다고 하는데, 지금은 3층까지만 남아 있어.

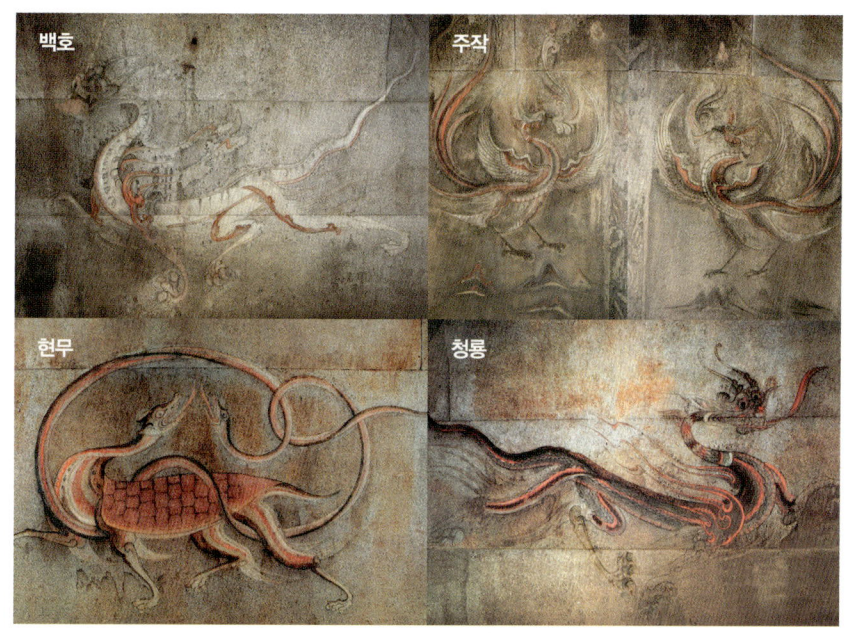

강서대묘 벽화 가운데 〈사신도〉
강서대묘는 북한의 평안남도에 있는 고구려의 고분이야. 〈사신도〉라는 벽화가 특히 유명하지. '사신'이란 동서남북 네 방향을 맡은 신을 말해. 〈사신도〉에는 상상 속의 동물 '좌청룡' '우백호' '전주작' '후 현무'가 그려져 있어.

    도교는 산천 숭배와 신선 사상이 결합된 종교야. 삼국 시대에는 주로 귀족 사회를 중심으로 유행했어.

    도교를 믿는 사람들은 도교에서 생각하는 이상 세계를 예술 작품으로 표현했어. 그리고 거기에 사람이 죽은 후의 세계에 대한 믿음을 담기도 했지. 고구려의 〈사신도〉, 백제의 산수 무늬 벽돌, 백제 금동대향로 등은 당시 사람들의 도교적 정신세계를 엿볼 수 있는 예술품이야.

산 경치 봉황 무늬 벽돌 (보물 343) 산, 나무, 물, 바위와 구름을 한 폭의 그림처럼 표현한 백제의 벽돌이야. 도교의 이상 세계를 벽돌에 옮겨 담았어. 벽돌 한 장마저 예술로 표현한 백제인의 숨결이 느껴지는구나.

삼국의 고분 문화

삼국 시대의 고분은 그 당시 사람들이 살아가던 모습과 생각을 엿볼 수 있는 보물 창고 같은 존재란다. 무덤에서 발견된 껴묻거리나 벽화를 통해서 말이야.

초기의 고구려 사람들은 돌을 쌓아 올려 무덤을 만들었어. 이런 무덤을 돌무지무덤이라고 해. 그 후 중국의 영향을 받아 차츰 굴식 돌방무덤을 만들게 되었지.

굴식 돌방무덤은 돌로 널방(시신을 넣는 곳)을 만들어 통로와 연결한 후 흙을 덮어서 만든 무덤이란다. 또 무덤 안을 죽은 사람이 살아 있을 때처럼 꾸며 놓았고, 돌방 벽에는 벽화를 그려 넣었어. 그래서 이 벽화를 통해 고구려 사람들의 생활과 종교, 문화를 엿볼 수 있단다. 그러나 후기에는 도교의 영향을 받아 〈사신도〉를 그린 경우가 많아졌어.

덕흥리 벽화 고분 단면도
북한의 평안남도 덕흥리에 있는 덕흥리 벽화 고분의 단면도란다. 바닥부터 천장까지 무덤 안을 빼곡 채운 벽화가 무척이나 아름답구나. 안쪽은 시신을 둔 널방이고, 바깥쪽은 고분으로 들어가는 입구야.

백제 초기, 도읍이 한성에 자리 잡고 있을 때는 고구려 고분과 비슷한 계단식 돌무지무덤을 만들었단다. 웅진으로 도읍을 옮긴 후에는 굴식 돌방무덤이나 벽돌무덤을 만들었어. 대표적인 벽돌무덤으로는 무령왕릉이 있지.

무령왕릉에서는 많은 껴묻거리가 나와 백제의 화려하고 찬란했던 문화를 엿볼 수 있게 해 준단다.

웅진에서 사비로 도읍을 옮기고 나서는 다시 굴식 돌방무덤을 만들었어. 그리고 무덤 벽에 〈사신도〉를 그리기도 했지.

신라는 규모가 웅장한 돌무지 덧널무덤을 많이 만들었어. 경주에 있는 황남 대총과 천마총이 대표적인 돌무지 덧널무덤이야.

돌무지 덧널무덤은 먼저 나무로 덧널을 만들고 그 위에 많은 돌을 쌓은 후 흙으로 덮은 거야(봉토). 돌을 쌓아 올려 만든 무덤

경주 천마총 장니 천마도
(국보 207)

천마총에서 나온 〈천마도〉야. 〈천마도〉가 나와서 고분의 이름 또한 '천마총'이라고 붙였지. 하얀 천마가 갈기와 꼬리를 세우고 하늘을 달리는 듯한 모습이 무척 아름다워.
_국립경주박물관

의 구조 때문에 도굴이 어려워서, 발굴만 하면 금관 등 많은 껴묻거리가 나온단다.

황남 대총과 천마총에서도 수많은 껴묻거리가 발견되었지. 다만 무덤의 구조상 벽화를 그릴 수 없어서 벽화는 나오지 않았어. 천마총에서는 〈천마도〉가 발견됐는데, 이건 벽에 그린 것이 아니라 말의 배가리개에 그린 그림이란다.

웅장한 규모의 돌무지 덧널무덤을 만들던 신라 사람들은 7세기 무렵부터 고구려와 백제의 영향을 받아 차츰 작은 규모의 굴식 돌방무덤을 만들게 되었어.

● 무령왕릉에 대해서 더 알아볼까?

무령왕릉이 발견된 것은 1971년이었어. 충청남도 공주시에는 백제 왕족의 무덤이 모여 있는 송산리라는 곳이 있지. 그곳에서 장마를 앞두고 배수로 공사를 하던 중에 한 인부가 벽돌 하나를 찾아냈어. 연꽃 무늬를 새겨 넣은 아름다운 벽돌이었어.

무령왕릉 석수 (국보 162)

곧 발굴 작업이 이루어졌지. 그것이 예사로운 벽돌이 아니라는 것은 단박에 알 수 있었으니까 말이야. 천 년 넘게 땅속에 숨겨져 있던 무령왕의 무덤은 그렇게 세상에 모습을 드러내게 되었단다.

무덤은 연꽃무늬 벽돌로 쌓아 올렸고, 천정은 반원형이었지. 그리고 입구에 '석수' 돌조각이 눈을 부릅뜨고 지키고 있었어. 석수는 무덤을 지키는 상징적인 동물이야.

이것이 무령왕의 무덤이라는 것은 안에서 나온 '지석'으로 알 수 있었어. 지석은 죽은 사람의 이름과 생일, 죽은 날, 살아온 자취와 가족 관계 등을 돌에 새겨 무덤 앞이나 옆에 묻어 놓은 걸 말해. 이 지석에는 '영동대장군인 백제 사마왕께서 62세가 되는 계묘년(523년) 5월 임진일(7일) 돌아가셨다.'라고 기록되어 있었단다.

사마왕은 바로 백제 25대 무령왕(재위 501~523년)이야. '사마'는 일본말로 '섬'이라는 뜻이 아닐까 하고 생각되는데, 왜냐하면 무령왕이 일본에서 태어났기 때문이란다. 무덤에 묻힌 사람이 누구이고 만든 때가 언제인지 정확히 밝혀진 것은 무령왕릉이 처음이었어.

무덤에서는 지석 이외에도 금제 관식, 귀걸이, 유리 제품 등 많은 껴묻거리가 나왔어. 모두 108종 2,906점이나 된단다.

그럼 무덤 안의 모습과 껴묻거리에 대해서 좀 더 살펴볼까?

무덤에 들어서면 입구에 왕과 왕비의 이름을 새긴 지석이 놓여 있고, 그 위에 오수전 꾸러미가 있었지. 이 오수전은 왕과 왕비가 저승 갈 때 쓰라고 올려놓은 노잣돈이었어.

지석 뒤에는 무덤을 지키는 석수가 남쪽을 향해 서 있고, 입구를 지나 안으로 들어서면 받침대 위에 왕과 왕비의 나무관이 가지런히 놓여 있단다.

관 밑에서는 왕과 왕비가 사용했던 장신구와 많은 유물이 출토됐어. 금제 관식, 금귀걸이, 금동 신발, 금팔찌, 왕이 허리에 둘렀던 용과 봉황을 새긴 환두대도, 거울과 동탁 은잔 등 모두 백제의 찬란했던 문화를 엿볼 수 있는 화려하고 아름다운 유물이야.

무령왕릉은 중국 남조의 양식을 본떠 만든 것으로, 당시 백제가 중국 남조의 양나라와 활발하게 교류했다는 것을 알게 해 준단다.

무령왕릉 지석 (국보 163) 무령왕릉에 있는 무령왕과 왕비의 지석이야. 이 지석에 '백제 사마왕'이란 이름이 있었기 때문에 이 능의 주인공이 누구인지 알 수 있었어.

삼국과 이웃 나라의 교류

삼국과 가야는 일찍부터 일본과 활발하게 교류했어. 많은 사람이 일본으로 건너가 앞선 문화를 전해 주고 일본의 문화 발전에 크게 이바지했단다. 그중에서도 백제는 일본에 가장 큰 영향을 끼친 나라였지.

일본 오사카 부근의 나라 현에는 '호류 사'라는 절이 있어. 이 절은 607년에 쇼토쿠 태자가 아버지의 명복을 빌기 위해 지은 절로, 공사를 맡아 한 사람들이 백제에서 건너간 기술자들이었단다.

이 절 안에 있는 오층목탑은 부여에 있는 '정림사지 오층석탑'과 많이 닮았어. 두 탑은 목탑과 석탑이라는 재료의 차이와 크기는 다르지만, 각 층의 높이와 너비의 비율 등 모양과 만든 방법은 매우 비슷해. 그래서 백제의 탑 만드는 기술이 일본에 전해졌다는 것을 쉽게 알 수 있지.

백제의 건축 현장

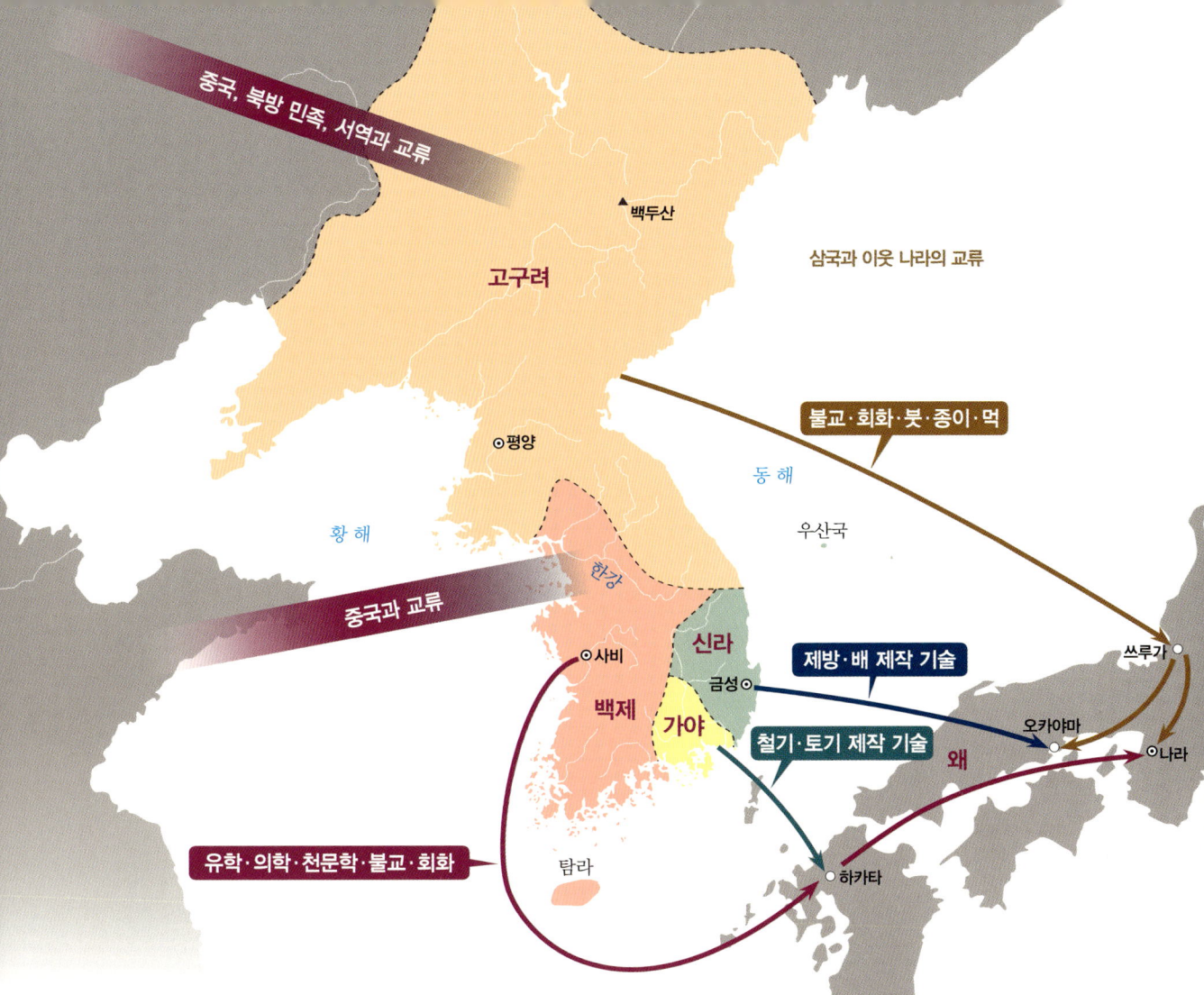

　백제는 또 오경박사, 의박사, 역박사 등을 보내 일본에 유교와 의학, 천문, 역법 등을 전했어. 그리고 불상과 조각 등도 전해 일본에서 아스카 문화가 일어나는 데 큰 역할을 했어.

　고구려도 일본에 불교와 회화 등 선진 문화를 전해 주었어. 승려 혜자는 쇼토쿠 태자의 스승 노릇을 했지. 쇼토쿠 태자는 당시 일본을 다스리던 인물로, 아스카 문화를 꽃피운 장본인이기도 해.

담징도 일본으로 건너가 많은 일을 했어. 담징은 호류 사에 머물며 불법을 전파하면서 일본인들에게 종이, 먹, 맷돌 만드는 법 등을 가르쳐 주었어. 또 현재 일본에서 가장 오래된 목조 건물인 호류 사의 금당에 벽화를 그리기도 했단다.

금당 벽화는 아쉽게도 1949년에 화재로 불타 버리고 말았어. 그래서 지금은 요즘 화가들이 그 그림을 본떠서 그린 그림만 볼 수 있어. 이런 그림을 '모사화'라고 해.

신라는 배 만드는 기술과 제방 쌓는 기술을 일본에 전했다고 해. 가야의 앞선 철기 문화는 일본의 철기 문화 발달에 이바지했

바퀴 모양 토기
(보물 637)

5~6세기에 만든 가야의 토기야. 가야에서 널리 만들었던 굽다리 접시 양옆에 바퀴 모양 장식을 붙여 놓았지. 이 바퀴는 수레바퀴를 뜻하는 게 아닌가 싶어. 숨을 거둔 사람을 수레에 실어 저세상으로 잘 보내기 위해서 말이야.

어. 또 일본의 스에키 토기 탄생에도 영향을 미쳤지. 가야의 토기는 높은 온도에서 구워서 단단하고, 두드리면 쇳소리가 난다고 해. 이 토기 기술이 일본에 전해져 스에키 토기를 탄생시킨 거야. '스에'는 우리말의 '쇠'에서 나온 말로, 스에키 토기는 '쇠처럼 단단한 토기'라는 의미야.

천마총 유리잔 (보물 620)
천마총에서 발견한 이 유리잔은 5~6세기에 만들었어. 영롱한 푸른빛에 섬세한 모양으로 멋을 낸 유리잔이지. 로마에서 만든 유리잔과 모양이 비슷해서, 머나먼 대륙을 건너 신라까지 온 것으로 보고 있단다. _국립경주박물관

삼국과 가야가 일본하고만 교류했던 것은 아냐. 중국을 비롯한 주변 국가는 물론 머나먼 서역과도 활발하게 교류했어. 그러면서 나라 힘을 키우고 문화도 발전시켰지.

고구려는 중국과 북방 민족, 서역 나라와 폭넓게 교류했지.

백제는 일본 이외에 남중국과도 활발하게 교류했어.

한반도의 동남쪽에 치우쳐 있던 신라는 처음에는 고구려를 통해 북중국과 교류했어. 그러다가 한강 유역을 차지한 후부터는 중국과 직접 교류했단다.

가야는 바닷길을 통해 일본은 물론 중국과 교류했지. 그리고 이 같은 교류는 뒷날 신라 문화 발전에 많은 영향을 끼쳤어.

로만글라스 삼국 시대의 유리잔은 단 하나를 빼고 모두 신라 고분에서 출토됐어. 그 하나가 바로 가야의 고분인 합천 옥전 M1호분에서 발견한 '로만글라스'야. 로만글라스는 로마의 유리잔을 의미해. 유럽의 로마에서 서역과 중국을 건너 우리나라까지 교역했던 역사적·문화적 흔적이란다.

8

고구려와 수·당의 싸움

6세기 후반에 이르자 동아시아의 정세가 크게 요동치기 시작했어. 589년에는 수나라가, 618년에는 당나라가 차례로 중국 땅을 통일했지. 두 나라는 고구려에게 신하의 나라가 되라고 요구했어. 하지만 이를 받아들일 고구려가 아니었지. 그러자 수나라와 당나라는 어마어마한 대군을 이끌고 고구려로 쳐들어왔어. 자랑스러운 우리 조상들은 이에 어떻게 맞섰을까?

고구려와 수·당의 싸움

남북 세력과 동서 세력의 대립 | 고구려와 수나라의 세력 다툼 | 고구려, 당나라의 세력도 물리치다

남북 세력과 동서 세력의 대립

6세기 후반에는 한반도를 비롯한 동아시아의 정세가 크게 요동쳤단다.

한반도에서는 신라가 한강 유역을 차지한 후, 삼국 사이에 한강을 차지하려는 경쟁이 더욱 치열해졌지.

중국에서는 589년에 수나라가, 618년에 뒤이어 등장한 당나라가 통일 왕조를 세웠어. 두 나라는 동아시아의 질서를 자기 나라 중심으로 바꿔 놓으려 했지. 그러나 강한 독자적 세력을 유지하고 있던 고구려가 큰 걸림돌이었어.

수나라와 당나라는 고구려를 제압하기 위해 거듭 고구려를 공격했단다. 이에 고구려는 비슷한 처지에 있는 돌궐과 손을 잡고 수·당의 세력과 맞섰어. 돌궐은 몽골 고원과 알타이 산맥을

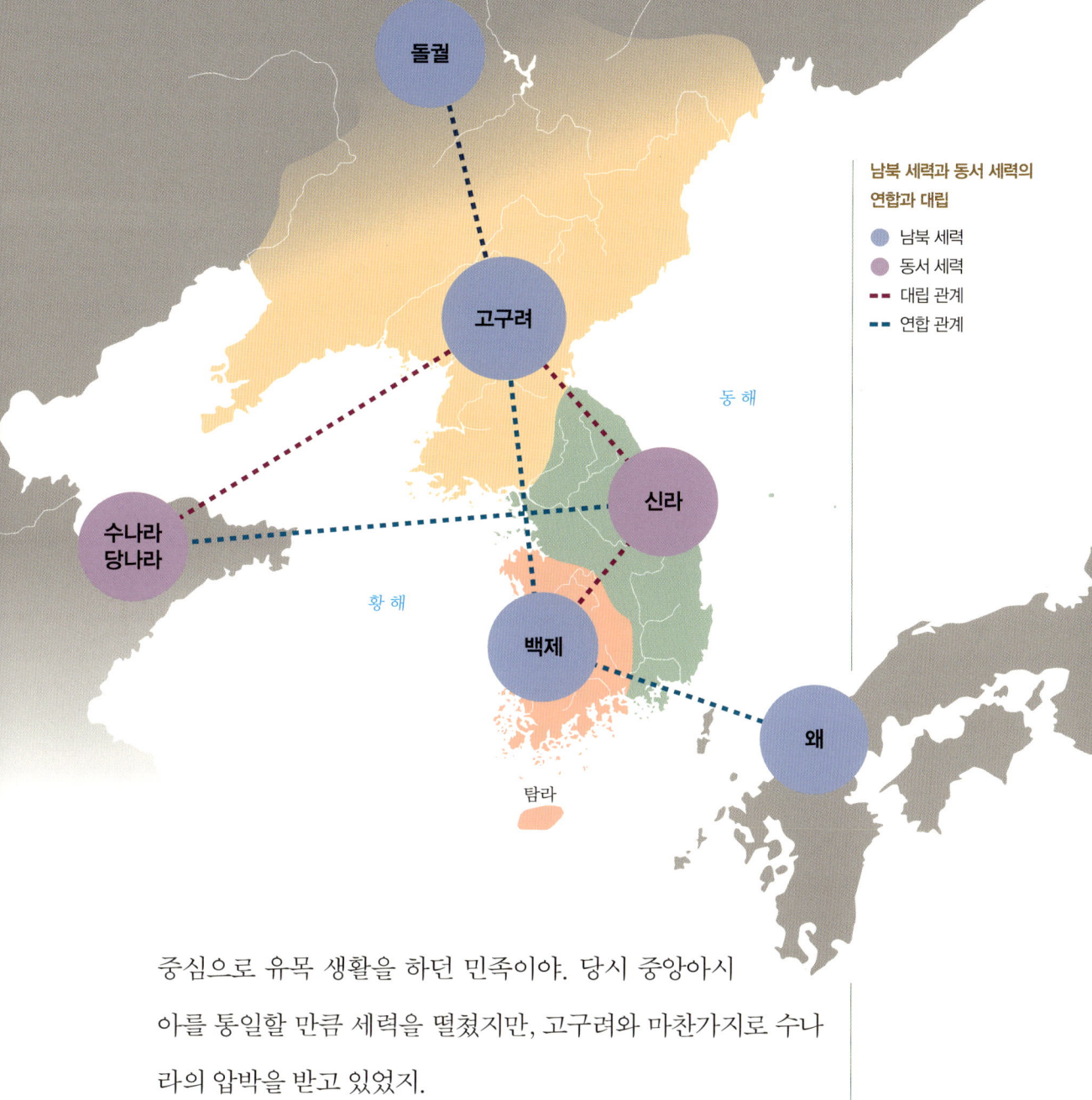

중심으로 유목 생활을 하던 민족이야. 당시 중앙아시아를 통일할 만큼 세력을 떨쳤지만, 고구려와 마찬가지로 수나라의 압박을 받고 있었지.

한편 백제는 고구려, 왜나라와 협력해서 신라에게 빼앗긴 한강 유역을 되찾으려 했어.

백제와 고구려의 연합 공격에 고립된 신라는 중국으로 눈을 돌렸지. 그래서 처음에는 수나라와, 수나라가 멸망한 후에는 당나라와 손을 잡고 백제와 고구려에 맞섰어.

앞의 내용을 다시 정리하면 이렇게 돼. 6세기 말에 이르러 동아시아는 고구려·백제·왜나라·돌궐이 연합한 남북 세력과, 신라와 수나라·당나라를 연결하는 동서 세력이 대립하는 모양새를 이루고 있었던 거야.

이 같은 상황은 그 후 수나라와 당나라가 연이어 고구려에 침입하는 결과를 낳았지. 그리고 좀 더 시일이 지난 후에는 신라가 삼국을 통일하는 실마리가 되었단다.

고구려와 수나라의 세력 다툼

중국 사람들은 예로부터 자기 나라를 세상의 중심으로 생각하는 천하관을 가지고 있었어. 중국을 통일한 수나라는 이러한 천하관에 따라 고구려에게 신하의 예를 갖춰 자기 나라를 섬기라고 요구했지.

큰 세력을 가지고 있던 고구려가 그런 요구를 받아들일 리 있

안악 3호분 벽화 가운데 〈행렬도〉
이 〈행렬도〉에는 말 탄 사람들, 갑옷을 입고 무기를 든 사람들, 악기를 연주하는 사람들, 수레를 탄 사람 등 250명이 넘는 고구려 사람들의 모습이 담겨 있어. 옛날 옛적 고구려 사람들의 모습을 볼 수 있는 벽화야.

덕흥리 고분 벽화 가운데 〈행렬도〉
고구려 사람들이 어떻게 무장했는지, 또 고구려의 무기는 어떤 모습인지를 잘 보여 주는 벽화야. 묘의 주인은 휘장이 달린 수레를 타고 있어. 말 탄 사람들을 자세히 보면 어떤 말은 갑옷을 안 입었지만, 어떤 말은 갑옷을 입었다는 사실을 알 수 있단다.

었겠니? 고구려는 수나라의 요구를 거부하는 데에서 그치지 않고, 요동 지방의 서쪽을 공격했어. 선제공격으로 수나라의 침략을 대비하고 영향력을 약하게 만들기 위해서였지.

수나라도 가만있지 않았어. 수나라의 황제 문제는 30만이나 되는 큰 군사를 동원해서 고구려를 공격했단다. 그러나 고구려의 강력한 방어와 장마까지 겹쳐 홍수와 전염병, 굶주림에 시달리게 되었지. 수나라 문제는 결국 전투다운 전투도 해 보지 못한 채 군대를 되돌리고 말았어(598년). 그 후 문제는 더 이상 고구려를 공격하지 않았지.

수나라를 세운 문제에 이어 양제가 황제에 오르면서 상황은 달라졌어. 양제는 1년 이상 전쟁 준비를 한 뒤 612년 여름에 고구려로 침공했단다. 113만이나 되는 어마어마한 군사를 이끌고 말이야. 훗날 고구려가 멸망할 무렵의 인구가 4백만 명 정도였다고 하니, 113만이 얼마나 엄청난 군대였는지 이해할 수 있겠지?

수나라 군대는 육지와 바다 두 갈래로 나누어 침입했어. 그러나 수나라의 큰 군대는 처음부터 막히고 말았지. 육군은 요동성을 공격했지만, 고구려군이 성문을 굳게 걸어 잠그고 강하게 맞서는 바람에 성을 함락시킬 수 없었어. 또 바다를 건너 침입한 수군도 평양성 부근에서 패하고 말았지.

전쟁은 군사 숫자만 많다고 이길 수 있는 것은 아닌가 봐. 요동성 공격에 실패한 수의 양제는 30만 명으로 별동대를 만들고 평양성을 직접 공격하려 했어. 그러나 별동대도 고구려 명장 을지문덕의 작전에 말려들어 살수에서 크게 패하고 말았단다.

● 을지문덕과 살수 대첩

살수 대첩은 별동대를 만들어 평양성을 직접 공격하려던 수나라 군사 30만을 고구려의 명장 을지문덕이 살수에서 크게 물리친 전투야.

영양왕은 수나라의 별동대가 평양성을 직접 공격하려 한다는 소식을 듣자, 을지문덕을 총사령관으로 임명하고 별동대가 진격해 오는 압록강으로 출동시켰어.

수나라 별동대와 맞닥뜨린 을지문덕은 항복하는 척하며 적진으로 들어가 적의 동정을 살폈지. 적군은 이미 식량이 떨어져 가고 있었어.

수나라 군대는 을지문덕의 항복을 무시하고 압록강을 건너 공격을 시작했어. 을지문덕은 군사들에게 수나라군과 계속 맞서지 말고, 싸우다 지는 척 도망치라고 지시했단다.
고구려군의 져 주는 싸움은 계속됐어. 수나라 군대를 지치게 만들기 위한 을지문덕 장군의 작전이었지.
수나라군은 어렵지 않게 평양성 가까이 진격했지만, 수나라 장수 우중문은 마음이 편안하지 못했어. 병사들이 크게 지친 데다 식량마저 바닥나고 있었기 때문이야.
그때 을지문덕이 우중문에게 시 한 편을 보냈어.

> 귀신같은 계략은 하늘의 이치를 꿰뚫어 보고
> 절묘한 전술은 땅의 이치를 모두 알도다.
> 싸워 이겨서 그 공이 이미 높아졌으니
> 만족함을 알고 그만 돌아가기 바라노라.

우중문은 시를 보고 을지문덕이 겉으로는 자신을 칭찬하는 척하면서 사실은 비웃고 있다는 것을 눈치챘지. 그렇지만 계속 전투에 이겨 이곳까지 왔으니 어느 정도 체면은 섰다고 생각했어. 식량이 떨어진 데다 지친 병사들을 이끌고 더 이상 전투를 계속하기 어렵다는 판단도 했고.
우중문은 결국 군사들에게 철수 명령을 내렸어.
살수를 건너왔던 수나라 군대가 다시 살수를 건너 되돌아가는데, 갑자기 고구려군이 공격해 왔어. 살수를 반쯤 건넜을 때였지.
잔뜩 지쳐 있던 수나라의 별동대는 제대로 맞서 싸우지도 못한 채 우왕좌왕했어. 살수는 순식간에 수나라 군사의 피로 붉게 물들었지. 별동대 30만 명 중에서 살아 돌아간 사람은 2천7백 명 정도였다고 하니, 살수 대첩이 어떤 싸움이었는지 짐작할 수 있을 거야.

을지문덕 을지문덕은 고구려에서 가장 유명한 장군일 거야. 수나라가 113만 대군을 이끌고 쳐들어와 평양성으로 30만 별동대를 보냈을 때, 이를 무찌르고 큰 승리를 거둔 주인공이지. 고구려의 제26대 왕인 영양왕 대에 활약했지만, 언제 태어나서 언제 죽었는지는 정확하게 알 수 없어.

살수 대첩 복원화

양제는 결국 군사를 돌려 철수할 수밖에 없었지.

수나라는 그 후에도 몇 차례나 더 고구려를 공격했지만, 고구려는 이를 모두 물리쳤어. 고구려가 수나라와의 동아시아 패권 다툼에서 완벽하게 승리를 거둔 거야.

수나라는 고구려 원정 실패로 나라 힘이 크게 약해지고 나라 안에서 반란까지 일어나 618년에 멸망했어. 그리고 중국에는 새로이 당나라가 들어서게 되었단다.

고구려, 당나라의 세력도 물리치다

수나라에 이어 중국의 주인공이 된 당나라는 처음에는 고구려와 좋은 관계를 유지했어. 그러나 고조에 이어 태종이 두 번째 황제에 오르면서 상황이 달라졌단다. 태종은 나라의 기틀이 잡히자 적극적으로 팽창 정책을 쓰기 시작했고, 당연히 고구려도 압박했지.

고구려도 가만히 있지 않았단다. 당시의 임금이던 영류왕은 당나라의 침입에 대비해 국경 지대에 천리 장성을 쌓으라고 지시했어. 천리 장성은 영류왕 14년(631년)부터 쌓기 시작한 것인데, 그 후 연개소문이 성을 쌓는 책임자로 임명됐지(642년).

영류왕이 연개소문을 천리 장성 쌓는 책임자로 임명한 데에는 다른 속뜻이 있었어. 연개소문은 영양왕 때 수나라와 전쟁에서 많은 공을 세워 명성을 떨쳤던 가문 출신이야. 그러나 당나라가 건국하던 해에 왕위에 오른 영류왕은 당나라와 맞서기보다는 가깝게 지내는 정책을 쓰기 시작했지. 그래서 중국에 맞섰던 연개소문 같은 강경파 가문 출신은 힘을 잃고, 온건파가 세력을 얻게 되었어. 그러니까 연개소문을 천리 장성 책임자로 임명한 것은 그가 중앙 정치에서 더 이상 힘을 쓰지 못하도록 변두리로 쫓아낸 거였어. 그뿐 아니었단다. 왕과 대신들은 은밀히 연개소문을 제거하려고 했어.

이를 알아차린 연개소문은 정변을 일으켜 왕과 대신들을 죽이고 권력을 거머쥐었단다. 영류왕을 대신해 왕으로 내세운 영

● 연개소문과 대막리지

고구려의 최고 관등(1관등)은 대대로야. 장수왕 때 설치한 관등으로, 다른 말로는 '토졸'이라고도 하지. 요즘으로 말하면 국무총리에 해당되는 직위야. 임기는 3년이었어.

그럼 '막리지'는 어떤 직위일까?

대대로 밑에는 '태대형'이라는 2관등 직위가 있었지. 막리지는 태대형과 같은 직위가 아니었을까 하고 생각돼. 왕권을 뒷받침해 나랏일을 하던 대대로는 6세기 후반에 왕권이 약해지면서 귀족 회의 의장이 되어 실권을 거머쥐었어. 그리고 귀족 가문 사이에서는 대대로 자리를 차지하기 위한 권력 투쟁이 벌어졌지.

연개소문은 대대로였던 아버지의 직위를 이어받아 대대로가 되었어. 그러나 영류왕을 등에 업은 온건파 귀족의 견제로 실권을 제대로 행사할 수 없었지.

천리 장성을 쌓는 책임자로 임명되었다가 정변을 일으켜 권력을 거머쥔 연개소문은 실권을 제대로 행사할 수 없었던 대대로라는 직위가 탐탁지 않았을 거야. 그래서 2관등에 해당되는 막리지를 최고 권력을 행사할 수 있는 자리로 만들었어.

그러나 그냥 막리지 자리에 만족할 수 없었나 봐. 자기가 다른 막리지와 다르다는 것을 강조하기 위해 앞에 '큰 대(大)' 자를 붙이고 스스로 '대막리지'라고 했어.

대막리지 연개소문이 어떻게 탄생했는지 이해가 되지? 대막리지가 된 연개소문은 왕보다 더 큰 권력을 휘둘렀어.

류왕의 조카 보장왕은 허수아비나 다름없었고, 연개소문은 스스로 대막리지가 되어 막강한 권력을 휘둘렀지.

연개소문의 등장은 고구려를 넘보던 당나라 태종에게 좋은 구실을 만들어 주었어. 태종은 왕과 대신들을 학살한 연개소문의 죄를 다스리겠다며 10만 대군을 거느리고 고구려 정벌에 나섰지. 당나라의 10만 대군은 고구려의 개모성, 백암성, 요동성

등을 무너뜨리고 기세 좋게 밀려들었어. 그러나 안시성에서 발목이 잡히고 말았어.

안시성은 주변 지역이 매우 험준한 천연의 요새였지. 당나라의 대군이 안시성을 포위하고 공격을 계속했지만, 성주 양만춘을 비롯한 군사들과 백성들은 유리한 지형을 이용해 60여 일 동

안시성 전투 복원화

안이나 굳건히 끈질기게 맞서 싸웠어.

9월에 접어들어 찬바람이 불고 군량미 수송이 어려워지자, 당나라 태종은 결국 기진맥진한 군사를 되돌려 돌아가게 되었지.

당나라 태종은 그 후에도 고구려 정벌에 대한 미련을 버리지 못하고 647년, 653년, 655년, 658년 이렇게 네 차례나 더 고구려를 침공했지. 고구려는 이를 모두 물리쳤어.

고구려가 수·당과의 전쟁에서 이처럼 빛나는 승리를 거둔 것은 동아시아의 지배자가 되려는 중국의 야욕을 물리치고, 중국 세력으로부터 우리 민족을 지켜 내는 방파제 구실을 했다는 데 커다란 의의가 있어.

● 중국의 동북공정

'동북공정'이라는 말 들어 봤니? 고구려와 수·당의 대결을 이야기하다 보니 중국이 동북공정이라는 이름으로 왜곡하고 있는 역사를 이야기하지 않을 수가 없구나.

동북공정은 '중국 국경 안에서 벌어진 모든 역사를 중국의 역사에 집어넣으려는 연구'를 말해. 중국은 동북공정에서 고조선, 고구려, 발해 등이 고대 중국의 동북 지방에 딸린 지방 정권이었다고 주장하고 있어. 한반도의 고대 역사를 모두 중국의 역사로 만들려는 거야.

중국의 주장대로라면 고구려와 수·당의 싸움이 어떻게 되는 건지 아니? 그냥 중국의 중앙 정부와 지방 정부 사이의 내전이 되는 거야. 얼마나 어처구니없는 역사 왜곡이니?

고구려가 수백 년간 나라를 이어 가는 동안 중국에서는 여러 번 왕조(나라)가 바뀌었어. 그런데 계속 나라를 이어 간 고구려가 어떻게 중국의 지방 정권일 수 있니? 정말 말도 안 되는 역사 왜곡이지.

분명한 것은 고구려와 수·당의 싸움은 동아시아의 패권을 차지하기 위해 벌어진 국가와 국가 사이의 전쟁이었다는 사실이야.

하나만 더 이야기할까? 압록강 가에는 고구려가 당나라 태종의 침입에 맞서 싸웠던 '박작성'이라는 성이 있어. 박작성은 험한 산이 많은 고구려의 지형적 특성을 이용해서 쌓은 성이야.

중국은 이 성을 '호산장성'이라고 부르며, 만리장성의 동쪽 끝이 이 성에서 시작되었다는 주장을 펴고 있단다. 이것도 고구려의 역사가 중국 역사의 일부라고 왜곡하고 있는 동북공정에 뿌리를 둔 주장이지. 그렇다고 우리나라가 가만히 있는 것은 아냐.

우리나라는 동북공정을 통한 중국의 역사 왜곡에 맞서기 위해 2006년 9월 '동북아역사재단(http://www.historyfoundation.or.kr)'을 출범시키고, 우리 역사를 바르게 지키기 위한 연구를 하고 있단다.

호산에 남아 있는 박작성의 흔적 박작성은 고구려 천리 장성의 끝부분으로 압록강과 가까워. 오늘날 중국 요령성에 있는 호산에 위치하지. 원래는 고구려 천리 장성의 일부였는데, 몇 해 전 중국에서 이곳에 호산장성을 쌓아 버렸어. 그러고는 '중국 만리장성의 동쪽 끝이다.'라고 주장하기 시작했어.

9
신라의 삼국 통일

당나라는 어마어마한 대군을 이끌고 수차례나 고구려를 침공했어. 그러나 단 한 번도 성공하지 못했지. 결국 당나라는 신라와 손을 잡았어. 나당 연합군이 결성된 거야. 660년, 나당 연합군은 백제를 멸망시켰어. 그리고 668년엔 고구려까지 멸망시켰지. 기원전부터 이어 내려온 고구려와 백제의 유구한 역사가 스러지고, 이 땅에는 통일 신라의 역사가 시작되었단다.

신라의 삼국 통일

백제의 멸망 | 고구려, 스스로 무너지다 | 신라, 삼국 통일을 완성하다

백제의 멸망

660년은 백제가 멸망한 해야. 기원전 18년에 나라를 세워 삼국 중 가장 먼저 전성기를 맞았던 백제는 신라에게 한강 유역을 빼앗긴 후 점점 세력이 약해져서 멸망의 길을 걷게 되었지.

백제의 마지막 왕인 의자왕은 야심만만한 왕이었어. 북쪽에서 고구려가 당나라의 침략을 막아 내기 위해 혈투를 벌이던

사비궁 백제의 마지막 도읍이었던 사비의 왕궁을 복원한 모습이야. 원래의 건축물은 남아 있지 않아. 가운데 2층으로 된 큰 건물이 사비궁의 정전이었던 '천정전'이야. 정전이란 임금이 나랏일을 보던 곳을 말해.

642년, 의자왕은 대규모 군사를 일으켜 신라의 서부 지역을 공격했지(선덕 여왕 11년). 신라는 크게 패해 40여 개의 성을 빼앗기고 가장 중요한 방어 기지였던 대야성까지 함락되었단다.

삼국 시대의 공성 무기
삼국 시대에 썼던 공성 무기를 복원한 모습이야. 공성이란 '성을 공격한다.'는 뜻이지. 왼쪽의 무기는 '운제', 가운데 무기는 '충차', 오른쪽 무기는 '공성탑'이라고 불러. _백제군사박물관

위기를 느낀 선덕 여왕은 김춘추를 고구려와 왜나라에 번갈아 보내 도움을 청했어. 그러나 두 나라 모두에게 거절당하고 말았지.

김춘추는 이번에는 당나라를 찾았단다. 당나라 태종은 신라의 동맹 요청을 선뜻 받아들였어. 고구려 정벌에 실패한 후 다시 공격의 기회를 노리고 있던 차에 좋은 기회가 왔다고 생각했던 거야.

660년, 신라와 당나라의 연합군(나당 연합군)이 마침내 백제 정벌에 나섰단다. 소정방이 이끄는 당나라군 13만은 바다를 건너 백제로 향했어. 그리고 김유신을 비롯한 김품일, 김흠순이 이끄는 신라군 5만은 육로로 백제의 도읍 사비로 향했지.

그 무렵 백제는 지배층의 분열로 정치가 매우 어지러운 상황이었어. 그래서 나당 연합군의 침공에 대해 제대로 된 방어책을 빠르게 마련하지 못했지. 그사이에 신라군은 백제의 중요한 요새인 탄현을 지나 황산벌로 향했고, 당나라군은 남천정(지금의 경기도 이천)에 이르렀어.

다급해진 의자왕은 계백에게 신라군의 침공을 막으라고 명령했어. 계백은 결사대 5천 명을 이끌고 황산벌로 떠나기 전, 집에 먼저 들러 아내와 자식들을 모두 베었어. 계백은 백제가 전쟁에 이기기 어렵다고 판단했지. 그래서 가족이 적에게 잡혀 노예로 사느니 자신의 손에 죽는 편이 낫다고 생각했던 거야.

이 같은 모습을 본 백제 군사들은 모두 죽기로 싸우겠다는 각오를 새삼 다졌단다.

황산벌에 먼저 도착한 백제 결사대가 험준한 곳에 진을 치자, 곧 김유신이 이끄는 5만 신라군이 몰려왔어.

백제의 회의 모습

죽음을 각오하고 싸울 결의를 다진 백제의 5천 결사대는 자기들보다 열 배나 많은 신라군이 조금도 두렵지 않았어. 백제군은 네 번 싸워 네 번 모두 이겼지.

신라군은 당황하지 않을 수가 없었어. 병사들의 사기도 크게 떨어졌고. 이때 김흠순 장군이 아들 반굴을 적진으로 보냈어. 칼을 꼬나들고 백제군 진영으로 말을 달린 화랑 반굴은 '싸움에 나가 절대 물러서지 않는다(임전무퇴).'는 화랑정신으로 용감하게 싸우다 전사했단다.

이어서 김품일 장군도 역시 화랑인 아들 관창을 적진으로 보냈어. 관창은 싸우다 백제군에게 사로잡혀 계백 장군 앞으로 끌려갔어. 계백이 투구를 벗겨 보니 앳된 소년이었어. 계백은 열여섯 살 소년인 관창을 차마 죽이지 못하고 신라 진영으로 되돌려 보냈지.

잠시 후 관창은 다시 창을 꼬나들고 백제 진영으로 달려왔어.

계백장군유적전승지
계백은 성충, 흥수와 함께 백제의 3대 충신이라고 불리는 장군이야. 5천 결사대와 함께 황산벌에서 세상을 떠난 계백 장군의 묘가 바로 이곳이라고 추정하고 있어.

이번에는 관창도 백제군에게 죽고 말았지. 계백은 관창의 목을 말안장에 매달아 신라군에게 돌려보냈어.

반굴과 관창의 죽음을 본 신라군은 분노했어. 그리고 지금까지와는 다른 각오로 총공격을 펼쳤지. 백제의 5천 결사대도 용감하게 맞서 싸웠지만, 숫자가 열 배나 많은 신라군을 당해 내기에는 힘이 부족했어.

결국 계백을 비롯한 5천 결사대는 모두 황산벌에서 장렬하게 전사했단다.

백제의 결사대를 격파한 신라군은 거침없이 사비를 향해 진격했고, 당나라군과 만나 사비를 포위했어. 두 나라 연합군의 공격에 결국 사비가 함락되었어. 급히 웅진으로 도피했던 의자왕도 며칠 후에 돌아와 항복했어.

그날 신라와 당나라의 승리를 축하하는 성대한 잔치가 열렸지. 그 자리에서 의자왕과 태자 효는 항복의 표시로 무릎을 꿇고 당나라와 신라 장수들에게 술잔을 올려야 했어. 백제의 678년 역사는 그렇게 막을 내렸단다(660년).

의자왕을 비롯한 백제의 신하와 백성 1만 2천여 명이 당나라

낙화암의 백화정
충청남도 부여에는 '백제가 멸망할 때 사비궁에 있던 3천 궁녀가 이곳에서 뛰어내렸다.'란 전설이 깃든 낙화암이 있어. 1929년, 이 궁녀들의 영혼을 기리기 위해 낙화암에 백화정이라는 작은 정자를 지었단다.

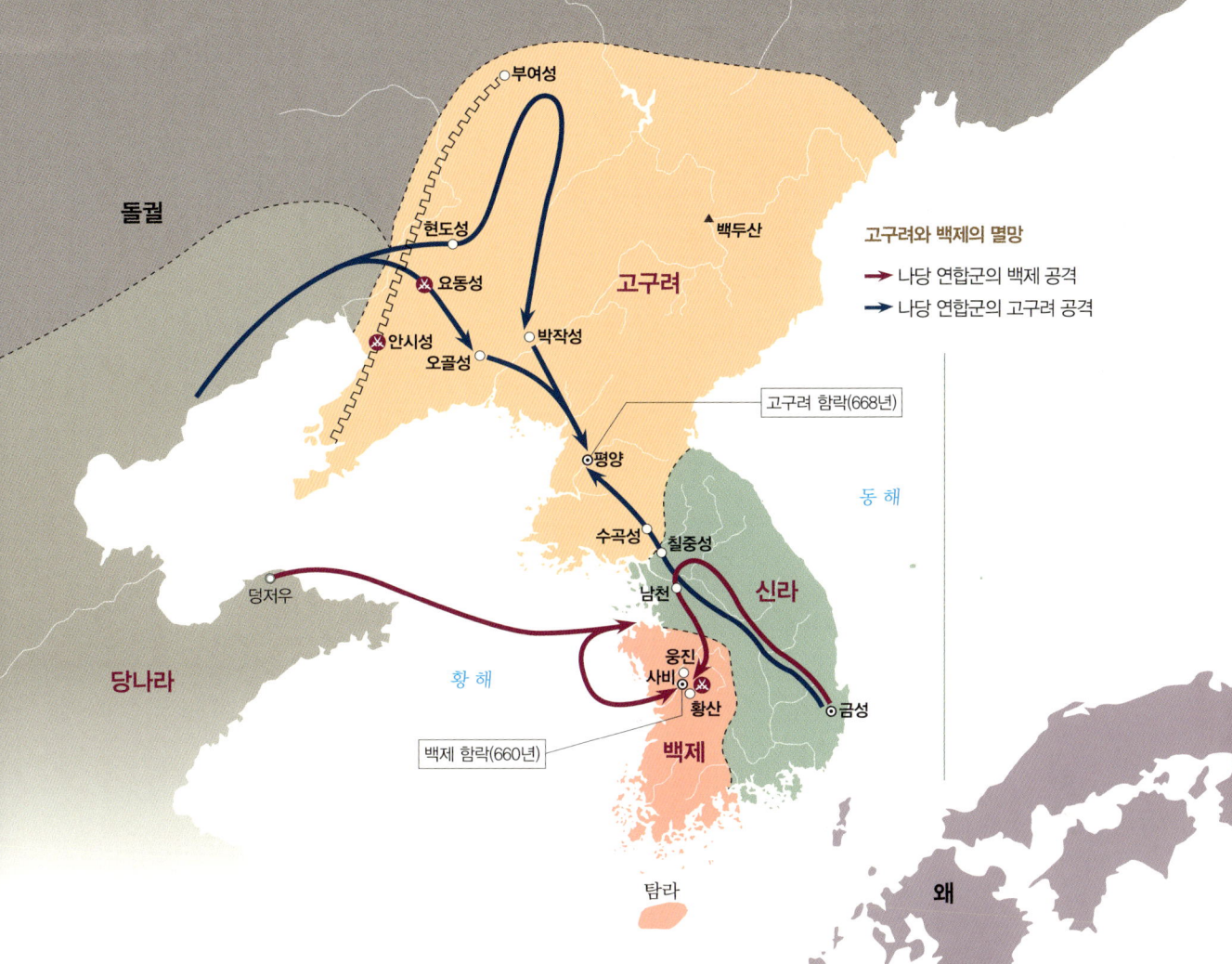

로 끌려갔고, 의자왕은 당나라에서 병들어 죽었어.

백제가 멸망한 후 당나라는 그 땅에 웅진 도독부를 설치해 군대를 주둔시키고 백제 땅을 지배하려 했단다.

고구려, 스스로 무너지다

백제를 멸망시킨 신라와 당나라는 고구려로 공격의 화살을 돌렸어.

고구려의 연개소문은 이를 잘 막아 냈지. 35만의 나당 연합군

안학궁
장수왕은 고구려의 도읍을 평양으로 옮긴 뒤, 평양에 안학궁을 지었어. 427년의 일이었지. 지금은 옛 모습이 남아 있지 않아서 어떤 모습일지 상상하여 그렸단다.

을 거뜬히 막았어. 그런가 하면 백제가 멸망한 이듬해인 661년에는 당나라 군대가 배를 타고 대동강을 거슬러 올라와 평양성을 포위했지. 그러나 평양성은 사비처럼 쉽게 무너지지 않았어.

당나라군은 결국 철수하고 말았지. 그러나 당나라도 쉽게 포기하지 않았어. 662년 소정방과 방효태가 군사를 이끌고 다시 고구려를 침범해 왔어. 그러나 이번에도 당나라군은 거의 전멸하다시피 참패하고 물러갔단다.

고구려가 무너지기 시작한 것은 665년 연개소문이 죽고 나서야. 연개소문은 죽기 전 남생, 남건, 남산 세 아들에게 "서로 권력을 다투지 말고 화목하게 지내라."고 간곡히 유언했어. 그러나 연개소문이 죽자 세 아들 사이에서 권력 다툼이 벌어졌지.

연개소문의 권력은 맏아들 남생이 이어받았어. 그런데 남생이 지방의 호족을 다독이기 위해 평양성을 비운 사이에, 둘째 남건이 형의 자리를 차지해 버린 거야.

화가 난 남생은 아들 헌성을 당나라에 보내 고구려를 정벌해 달라고 요청했어. 그러지 않아도 고구려를 노리고 있던 당나라에게 이보다 더 반가운 소식이 어디 있겠니? 당나라의 고종은 곧 정벌군을 고구려로 보냈단다. 남생의 아들 헌성이 정벌군을 안내하는 앞잡이 노릇을 했어.

668년 1월, 당나라군은 마침내 평양성을 포위했어. 당나라의 요청으로 신라군도 도착했지. 그러나 나당 연합군의 공격에도 평양성은 쉽게 무너지지 않았단다.

남생은 남건의 신하인 신성에게 첩자를 보냈어. 그리고 몰래 성문을 열어 주면 큰 상을 내리겠다고 유혹했지.

남생의 계략은 성공했고, 닷새 후에 평양성 문이 열렸어. 신라 기병 5백 명이 선봉이 되어 먼저 성안으로 들어가고, 당나라군이 뒤를 따랐지.

나당 연합군은 궁궐과 민가에 닥치는 대로 불을 지르고 재물을 약탈했어. 평양성 안의 궁궐과 민가가 넉 달이나 불탔다고 하니, 그 피해가 얼마나 심했는지 짐작할 수 있을 거야.

수·당과 동아시아의 패권을 다투던 고구려는 결국 연개소문의 아들들이 벌인 권

안학궁 치미
안학궁은 위풍당당한 고구려의 기상에 어울리는 큰 궁이었어. 둘레만 2.5킬로미터에 달했지. 이 치미는 안학궁 터에서 발굴했는데, 높이만 2미터가 넘어.

안학궁 암키와막새 '암키와'는 지붕에 기와를 올릴 때 쓰는 오목하게 들어간 기와를 말해. 양쪽의 섬세한 물결무늬 사이로 웃고 있는 사람의 얼굴이 보이는구나.

력 다툼으로 그렇게 비극적인 최후를 맞았단다.

남생과 그의 아들 헌성은 어떻게 되었느냐고? 당나라로부터 상과 벼슬을 받았지만, 헌성은 나중에 반란을 일으키려 한다는 죄로 죽었다고 해. 당나라와 끝까지 맞서 싸웠던 남건과 남산도 당나라에 포로로 잡혀가 그곳에서 생을 마감하였고.

당나라는 백제 땅에 웅진 도독부를 두었던 것처럼 평양에 안동 도호부를 두어 고구려 땅을 다스렸지.

신라, 삼국 통일을 완성하다

당나라는 신라의 도읍인 금성에 계림 도독부를 설치했어. 백제와 고구려가 멸망한 후 그 땅을 다스리기 위해 웅진 도독부와 안동 도호부를 두었던 것과 마찬가지로 신라마저 지배하겠다는 야욕을 드러냈던 거야.

신라로서는 그냥 당하고 있을 수 없는 일이었지. 힘을 합쳐 백제와 고구려를 멸망시켰는데, 그 땅을 차지하는 것도 모자라 동맹국인 신라까지 넘보다니!

신라는 고구려를 다시 일으키려는 운동을 적극 도와 당나라를 견제했어. 그리고 고구려 사람들의 마음도 얻었어. 또 백제 사람들에게는 백제 시절과 같은 신라의 관등을 주어 나라 잃은 백제 사람들의 민심을 달랬지. 이 같은 신라의 노력으로 백제, 고구려, 신라 사람들은 서로 한편이라는 생각을 가지기 시작했단다.

670년, 마침내 신라와 당나라의 전쟁이 시작됐어. 신라는 김품일 장군을 중심으로 당나라가 다스리고 있는 백제 땅의 성 60여 개를 빼앗는 등, 당나라의 세력을 옛 백제 땅에서 완전히 몰아내는 데 성공했단다.

당나라도 가만있지는 않았어. 대규모 병력을 동원해서 신라 정벌에 나섰지. 그러나 675년, 신라는 설인귀와 이근행이 이끄는 당나라 20만 대군을 매소성(지금의 경기도 양주로 추정) 전투에서 크게 격파했어. 군마를 3만 3백80필이나 빼앗는 큰 전과를 올렸다고 해.

이 전투의 승리로 신라는 당나라와 전쟁에서 주도권을 잡게 되었어. 다음 해에는 다시 금강 입구의 기벌포에서 설인귀가 이끄는 수군을 크게 무찔렀지.

당나라는 더 이상 싸워 봐야 이기기 힘들다고 판단했어. 그래서 웅진 도독부와 안동 도호부를 요동 지방으로 옮겼지. 신라는 비로소 당나라의 세력을 한반도에서 완전히 몰아내고 삼국 통일을 완성하게 된 거야(676년).

신라의 삼국 통일은 대동강 이북 지역의 옛 고구려 영토를 당나라에게 내어 준 불완전한 통일이야. 그래서 아쉬움이 남을 수밖에 없고, 그렇기에 평가도 엇갈리고 있단다. 하지만 우리 민족이 한 나라, 한 영토 안에서 함께 살게 되고 삼국의 문화를 하나로 어울러 찬란한 민족 문화를 꽃피웠다는 점에서는 높은 평가를 받을 만하지. 또 삼국 사이의 끊임없는 전쟁으로 힘들어하던 백성들도 고통을 덜게 되었어.

그러나 외국 세력(당나라)의 힘을 빌려 우리 민족이 세운 국가인 백제와 고구려를 멸망시켰다는 것, 그리고 우리 민족의 영토를 한반도 안으로 오그라들게 했다는 것은 신라의 삼국 통일이 좋은 평가를 받지 못하는 까닭이 되고 있단다.

● 삼국 통일의 주춧돌이 된 화랑

'화랑도'라는 말, 많이 들어 봤지? 화랑도는 옛날 씨족 사회 시절의 청소년 수련 단체에서 비롯된 신라의 청소년 수련 단체란다. 화랑은 '꽃처럼 아름다운 남자'라는 뜻이야.

화랑도는 진흥왕이 인재를 널리 모아 기르고, 전쟁이 일어나면 군사로 쓰기 위해 만든 단체였어. 그 전에는 '원화'라는 단체가 있었는데, 이름을 화랑도로 바꾸고 국가적인 조직으로 만들었단다.

화랑도의 우두머리를 '화랑', 화랑을 따르는 무리를 '낭도'라고 불러.

화랑은 아무나 될 수 없었어. 진골만 화랑이 될 수 있었지. 그러나 예외적으로 6두품 출신이 화랑이 된 적도 있었다고 해. 낭도는 대부분 평민의 아들이었지만, 진골이나 6두품이 낭도가 되는 경우도 없지 않았어. 나이는 열다섯 살에서 열여덟 살 정도였지.

그럼 화랑도의 규모는 어느 정도였을까? 화랑도가 국가 조직이 되면서, 화랑 위에 '국선'이라는 총지도자가 생겼어. 국선은 온 나라에서 한 명뿐이었고, 그 밑의 화랑은 3명에서 8명 정도였다고 해. 그리고 화랑이 거느린 낭도는 수천 명이나 됐단다.

이들은 3년 동안 단체 생활을 하며 무예를 익히고, 경치 좋은 곳을 찾아다니며 몸과 마음을 갈고닦았지. 그러다가 전쟁이 일어나면 싸움터에 나가 용감하게 싸웠어.

화랑에게는 꼭 지켜야 할 다섯 가지 계율이 있었어. 원광 법사가 만든 이 계율을 '세속 오계'라고 불러.

첫째, 충성을 다해 임금을 섬긴다(사군이충).
둘째, 효도로 어버이를 섬긴다(사친이효).
셋째, 믿음으로 친구를 사귄다(교우이신).
넷째, 싸움에 나가 절대 물러서지 않는다(임전무퇴).
다섯째, 산 것을 죽일 때는 가림이 있어야 한다(살생유택).

세속 오계 정신으로 무장한 화랑은 신라의 삼국 통일에 주춧돌 역할을 했단다. 황산벌 싸움에서 목숨을 바친 화랑 반굴과 화랑 관창이 좋은 본보기일 거야.

화랑도는 신라가 멸망할 때까지 계속됐지만, 통일 후 평화가 계속되면서 그 정신은 점점 빛이 바래기 시작했어. 그리고 귀족의 세력이 커지면서 그들의 사병(개인이 거느리는 병사) 노릇을 하기도 했단다.

금곡사지 원광 법사 부도탑 경주에 있는 금곡사는 원광 법사가 수행을 하며 머물렀던 곳이라고 전해지고 있어. '부도'란 스님의 유골이나 사리를 모셔 둔 곳을 뜻해. 원광 법사의 사리가 바로 이 부도탑에 있다고 하는구나.

삼국 시대 연표

고구려 건국
해모수와 유화 사이에서 알로 태어난 주몽은 동부여에서 자랐지. 그러나 시샘하는 사람이 많아 동부여에서 도망쳤어. 그리고 여러 사람의 도움으로 졸본 땅에 고구려를 세웠단다.

가야 건국
가야는 낙동강 유역에 있던 나라였어. 알에서 태어난 김수로와 다섯 형제가 세웠지. 그러나 고대 국가로 성장하지 못했어.

고구려, 평양 천도
고구려는 광개토 대왕과 장수왕 대에 이르러 최전성기를 이룩했어. 나라의 영토를 넓히고 연호도 사용했지. 또 북쪽 압록강 가에 있던 국내성에서 대동강 가의 평양으로 도읍을 옮겼어.

기원전 37년

기원후 42년

기원후 427년

기원전 57년

기원전 18년

기원후 313년

기원후 433년

신라 건국
열세 살 난 박혁거세가 왕위에 올라 신라의 역사가 시작되었어. 사로국의 양산촌 촌장이 나정 우물가에서 자줏빛 알을 발견했는데, 그 알에서 박혁거세가 태어났지.

백제 건국
백제를 세운 온조는 고구려에서 내려왔어. 온조는 한강과 가까운 위례성을 도읍 삼았지. 백제는 한강을 중심으로 성장하여 삼국 가운데 가장 먼저 전성기를 이뤘어.

낙랑군, 고구려에 멸망
낙랑군은 기원전 108년 고조선이 한나라에 멸망했을 때, 고조선 땅에 세웠던 한사군 중 하나였어. 고구려는 한사군을 몰아내기 위해 수없이 노력했고, 드디어 낙랑군을 없앴단다.

나제 동맹 결성
백제와 신라는 고구려의 계속되는 팽창 정책에 위협을 느꼈어. 그래서 서로 동맹을 맺었지. 백제와 신라의 나제 동맹은 120년간 이어졌단다.

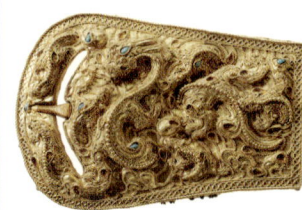

8. 백제, 사비 천도

백제의 성왕은 웅진에서 사비로 도읍을 옮겼어. 또 나라 이름도 남부여로 고쳤지. 사비는 금강 유역의 넓은 평야 지대에 자리한 데다 외국과 교역하기에도 좋았어.

10. 고구려, 살수 대첩에서 승리

중국 수나라가 엄청난 대군을 이끌고 고구려로 쳐들어왔지만 대패했어. 그러자 30만 별동대로 평양성을 공격하려 했는데, 을지문덕 장군이 살수에서 완벽하게 무찔러 버렸지.

12. 백제 멸망

신라는 삼국을 통일하겠다는 목표로 당나라와 손을 잡았어. 나당 연합군이 성립된 거야. 나당 연합군은 백제를 먼저 공격했어. 백제는 그 공격을 막아 내지 못하고 멸망했단다.

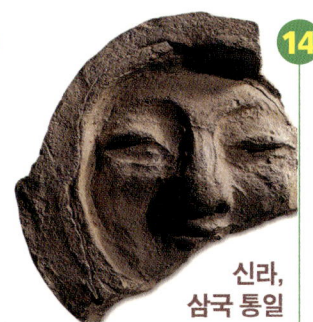

14. 신라, 삼국 통일

당나라는 삼국 땅 전체를 차지하려 했어. 신라는 옛 고구려·백제 사람들과 하나가 되어 당나라를 공격했지. 마침내 당나라 세력은 한반도에서 쫓겨났고 신라는 진정한 삼국 통일을 이뤘어.

- 기원후 538년
- 기원후 612년
- 기원후 660년
- 기원후 676년

- 기원후 562년
- 기원후 645년
- 기원후 668년

9. 대가야 멸망

맨 처음 가야 연맹을 이끌었던 나라는 수로왕의 금관가야였어. 이후 금관가야가 세력을 잃자 대가야가 그 자리를 이어받았지. 그러나 신라 진흥왕에게 멸망하고 말았어.

11. 고구려, 안시성 전투에서 승리

수나라의 뒤를 이은 당나라 역시 고구려로 쳐들어왔어. 그러나 고구려인들은 맹렬히 저항했지. 결국 당나라는 안시성에서 완전히 패배하여 쓸쓸히 돌아가고 말았어.

13. 고구려 멸망

나당 연합군은 고구려에도 대규모 공격을 가했어. 그러나 고구려를 무너뜨리기에는 수년이 걸렸지. 평양성을 점령한 나당 연합군은 궁궐과 민가에 닥치는 대로 불을 질렀는데, 무려 네 달이나 불타올랐다고 하는구나.

10

통일 신라와 발해

삼국 통일을 이룬 신라는 이 땅에서 당나라 세력을 완전히 몰아냈어. 그리고 넓어진 영토를 다스리기 위해 여러 제도를 정비했지. 또한 백제와 고구려 사람들의 마음을 한데 모으기 위해 여러 가지 노력을 펼쳤어. 이때, 옛 고구려 땅에서 새로운 바람이 불었단다. 고구려인의 후예가 말갈인의 후예와 같이 고구려를 잇는 나라를 세웠어. '발해'라는 나라를 말이야.

10. 통일 신라와 발해

통일 신라의 발전 | 대조영, 발해를 세우다 | 발해, '해동성국'으로 발전하다 | 발해의 멸망 | 통일 신라와 발해는 어떤 나라들과 교류했을까?

경주 태종 무열왕릉비
(국보 25)
태종 무열왕릉비는 신라의 29대 왕이었던 태종 무열왕의 능 앞에 세운 비석을 말해. 받침돌은 거북, 머릿돌은 용의 모습을 하고 있어.

통일 신라의 발전

신라가 고구려를 멸망시키고 당나라 세력을 완전히 한반도에서 몰아내 삼국 통일을 완성한 것은 제30대 문무왕 때였어. 문무왕은 태종 무열왕(김춘추)과 문명 왕후(김유신의 누이동생) 사이에서 맏아들로 태어났지. 그리고 김춘추가 삼국 통일을 보지 못한 채 세상을 뜨자 그 뒤를 이어 왕이 되었어(661년).

김춘추는 최초의 진골 출신 왕이었어. 백제와 전쟁을 치르면서 왕권을 강화하여 그의 자손이 왕의 자리를 독점해서 이어받을 수 있게 했지. 김춘추 이전에는 성골만 신라 왕이 될 수 있었어.

태자 시절의 문무왕은 김춘추가 당나라에 동맹을 요청하러 갔을 때 따라가 활약하기도 했고,

나당 연합군이 백제를 멸망시킬 때 김유신과 함께 출정해 공을 세우기도 했어.

당나라 세력을 완전히 몰아낸 문무왕은 넓어진 영토와 인구를 효과적으로 다스리기 위해 제도를 정비하고, 전쟁에 시달린 백성의 생활을 안정시키는 데에도 힘썼어.

문무왕의 뒤를 이어 신문왕이 왕의 자리에 올랐어. 신문왕은 문무왕의 맏아들로, 왕의 자리를 넘보는 진골 귀족의 반란을 진압해 왕권을 강화했지. 또 지방 행정 조직과 군사 제도를 크게 정비했단다.

경제적인 면에서도 개혁을 단행해, 귀족에게 주던 녹읍제를 폐지하고 관리에게 관료전을 지급했어. 귀족의 세력을 약하게 만들고 국가 수입을 늘리기 위해서였지.

인재를 양성하기 위해 국학이라는 교육 기관도 설립했어.

> **○ 녹읍**
>
> 관리가 관직에서 일하는 대가로 지급한 일정한 지역의 토지야. 녹읍을 소유한 관료는 해당 지역에서 세금은 물론 그 지역에 딸린 노동력과 공물(지역 특산물)을 모두 거둘 수 있었어.

경주 김유신묘로 가는 길의 흥무문
김유신묘는 경주 송화산 동쪽에 있어. 무덤의 지름이 무려 30미터나 된단다. 김유신묘로 들어가는 문을 '흥무문'이라고 해. 김유신의 업적에 걸맞은 커다란 문이로구나.

경주 문무 대왕릉
진정한 의미의 삼국 통일을 이룩한 문무왕은 '죽은 후에도 신라를 지키겠다.'며 동해에 묻어 달라고 유언하였지. 그래서 다른 왕들과는 달리 동해 가운데 있는 대왕암에 수중릉을 만들어 묻었어.

통일 신라는 제33대 성덕왕 때 이르러 전성기를 맞는단다. 성덕왕은 왕의 직속 기관인 집사부와 집사부 장관인 중시(시중)의 권한을 강화해 왕권을 더욱 튼튼히 뒷받침하게 했어. 그래서 귀족을 대표하는 화백 회의와 화백 회의 의장인 상대등은 권한이 약해졌지.

또 당나라와 자주 교류해서 신라의 국제적 지위를 높이고, 중국의 앞선 문물을 적극적으로 받아들였단다.

농업 생산력을 높이기 위해 15세 이상 노동력이 있는 농민에게 정전이라는 이름으로 토지를 나눠 주기도 했어. 정전의 '정'은 장정을 뜻해. 그러니까 정전은 '노동력 있는 장정에게 나눠 준 토지'라는 의미지.

성덕왕은 이 제도를 통해 농민에 대한 지배를 강화했어. 그뿐 아니라 생산력이 늘어난 만큼 세금을 많이 거둬들여 국가 재정을 튼튼

● 관료전

중앙과 지방의 관리에게 주었던 토지를 말해. 관직에서 물러나면 관료전을 반납해야 했지. 관료전은 녹읍과 달리 세금만 거둘 수 있었어.

히 할 수 있었어.

733년에는 당나라의 요청으로 발해를 공격하기도 했지만 실패했단다. 그러나 이를 계기로 당나라와 분쟁을 일으켰던 국토의 경계를 패강(지금의 대동강)으로 확정 지을 수 있었어(735년). 그래서 영토의 경계가 대동강에서 원산만에 이르는 남쪽 지역이 되었지.

◯ 신문왕 때 정비된 지방 행정 조직과 군사 조직

신문왕은 지방 행정 조직을 9주 5소경으로 나눴어. '주'는 오늘날의 '도'에 해당돼. 신라, 백제, 고구려 땅에 각각 세 개씩 주를 두어 전국을 9주로 나눈 거야. 주 밑에는 군과 현을 두고 지방관을 파견해서 다스렸지.

또 중요한 지역에는 5소경을 두었어. 소경(작은 서울)은 오늘날의 광역시에 해당한다고 보면 될 거야. 5소경에는 신라 귀족과 백제, 고구려, 가야 출신의 귀족이 번갈아 옮겨 가 살게 했어. 도읍 금성이 국토의 동남쪽에 치우쳐 있는 약점을 보완하고, 귀족이 지방 세력으로 성장하는 것을 막기 위해서였지.

군사 조직도 정비해서 중앙군인 9서당과 지방군인 10정을 두었어. 금성과 왕궁을 방위하는 중앙군인 9서당에는 신라뿐 아니라 고구려, 백제, 말갈 사람까지 두루 포함시켰지. 이들을 하나의 민족으로 융합시키기 위한 조치였단다. 10정은 9주에 각각 하나씩 배치하고, 외적의 침입이 염려되는 북쪽에 1정을 더 배치했어. 이처럼 지방 행정 조직과 군사 조직이 정비되면서 통일 신라는 나라의 바탕을 한결 튼튼히 할 수 있었어.

○ 통일 신라의 민정 문서 '장적'

1933년, 일본 도다이 사의 유물 보관 창고인 쇼소인에서 〈통일 신라 시대의 민정 문서〉(통일 신라의 경제 상황과 토지 제도 등을 알 수 있는 문서)가 발견됐어. 서원경의 네 촌락을 촌락별로 나누어 인구수와 나이, 논밭의 넓이, 가축 수, 뽕나무와 잣나무와 호두나무의 수 등을 기록해 놓은 문서야. 문서는 3년에 한 번씩 작성했는데, 3년 동안 변동된 내용을 꼼꼼히 기록해 놓았단다. 이 문서는 〈신라장적〉이라고도 불러. 비록 몇 장 안 되지만, 통일 신라의 토지 제도와 경제 활동 등을 이해하는 데 귀중한 자료가 되고 있지.

〈신라장적〉에 가장 자세히 기록되어 있는 것은 바로 인구야. 신라 남자들은 16세에서 60세까지 성을 쌓거나 다리를 놓는 일(부역)에 나가서 일하거나, 전쟁이 일어나면 나가 싸워야 하는 의무(군역)가 있었거든. 그러니까 그런 일에 동원할 수 있는 인구를 파악하는 것이 매우 중요했을 거야.

소나 말 등 가축의 수를 조사해서 기록해 놓은 것은 농사, 교통, 전쟁 등에서 가축이 중요한 역할을 했기 때문이야.

그럼 왜 나무 숫자까지 조사해서 기록했을까? 뽕나무는 누에를 길러 비단을 짤 수 있었기 때문에, 또 잣나무와 호두나무 등은 그 지역의 특산물이므로 세금을 철저하게 거두기 위해 자세히 파악했던 것이 아닐까 하고 생각돼.

어떠니? 통일 신라 시대에 벌써 그런 통계 자료를 만들어 나라를 다스리는 데 이용했다는 것이 놀랍지 않니?

대조영, 발해를 세우다

고구려가 멸망한 후 당나라는 20만여 명의 고구려인을 자기네 나라로 끌고 갔어. 고구려를 다시 일으켜 세우기 위해 저항하는 고구려인을 낯선 곳으로 이주시켜, 그들의 저항을 약하게 만들기 위해서였단다.

영주라는 곳에는 그렇게 끌려온 고구려인이 많이 살고 있었어. 또 거란인과 말갈인도 많이 살았지. 그런데 영주 도독(군사적 실권을 가진 관리) 조문홰가 당나라인이 아닌 사람을 심하게 학대했단다.

학대를 견디다 못한 거란인이 반란을 일으켰어(696년). 반란의 지도자는 거란 추장인 이진충이었어. 고구려인과 말갈인도 곧 반란에 합세했지. 고구려인은 대조영의 아버지인 걸걸중상이, 말갈인은 걸사비우가 반란의 지도자였지.

반란군은 영주성을 공격해서 함락시키고 도독 조문홰를 살해했단다.

당나라는 군대를 보내 반란을 진압하려 했지만 쉽게 반란군의 기세를 꺾을 수 없었어. 당황한 당나라는 북쪽의 돌궐을 끌어들여 거란과 싸움을 벌였어.

육정산 고분군
중국 길림성의 육정산에 가면 발해 고분을 수십 개나 볼 수 있는 곳이 나와. 발해의 첫 도읍이었던 동모산이 바로 이곳이거든. 육정산 고분군에는 발해의 왕과 공주, 귀족들의 고분이 한데 모여 있단다.

그 사이에 걸걸중상이 이끄는 고구려인과 걸사비우가 이끄는 말갈인은 영주 동쪽으로 이동했어. 그리고 요동의 안동 도호부를 공격해서 큰 타격을 입히며 세력을 넓혀 나갔단다.

요동 지방으로 근거지를 옮겨 세력을 얻은 걸걸중상과 걸사비우는 각각 고구려인과 말갈인을 다스리는 왕이 되었지.

당나라는 두 사람에게 높은 벼슬을 주겠다고 회유하며 이들 나라를 속국으로 삼으려고 했어. 그러나 두 사람은 이를 거부했어. 고구려 사람도 말갈 사람도 다시 당나라의 지배받는 것을 원하지 않았으니까.

당나라는 거란인 장수 이해고를 보내 이들을 공격하도록 했어. 걸사비우군가 이끄는 말갈이 먼저 이해고의 군대와 맞서 싸웠는데, 크게 지는 바람에 걸사비우가 전사하고 말았어. 또 말갈군을 지원하기 위해 나섰던 걸걸중상마저 전사했단다.

이제 남은 지도자는 대조영뿐이었지. 새 지도자가 된 대조영은 고구려인과 살아남은 말갈인을 이끌고 동쪽으로 이동했어. 그리고 천문령이라는 곳에서 당나라군을 맞았어. 천문령은 지형이 매우 험준한 밀림 지대였지.

대조영은 밀림에 군사를 매복시켰다가 당나라군을 기습 공격했어. 당나라군은 크게 패해 수만 명의 군사를 대부분 잃고 철수했단다.

천문령 대첩으로 당나라군을 완전히 따돌린 대조영은 무리를

말갈과 거란

중국 북방에는 드넓은 초원 지대가 펼쳐져 있단다. 이 넓은 땅에는 가축을 키우며 살아가는 유목 민족이 있었어. 이들은 가축에게 풀을 먹이기 위해 여러 곳을 옮겨 가며 살았어. 이들은 주로 말을 키웠지. 말은 가축을 돌볼 때도, 이동할 때도, 전쟁을 치를 때도 매우 요긴했거든.

이곳저곳 이동하면서 살아야 했기 때문에, 이동하면서 다른 부족과의 마찰을 피할 수는 없었을 거야. 잦은 전쟁을 치러 온 유목 민족은 한곳에 정착해서 살아가는 농경 민족에 비해 전쟁에 능했단다. 그래서 농경 민족은 유목 민족을 두려워했지. 그런 이유로 중국의 진시황제도 만리장성을 쌓아 그들을 막으려고 했어.

말갈과 거란도 이러한 유목 민족에 속해. 이외에도 대표적인 유목 민족은 흉노, 스키타이, 돌궐, 몽골 족 등이 있었어.

말갈은 수·당 시대에는 말갈이라고 불렸지만 송·명 시대에는 여진, 청나라 때부터는 만주족이라고 불렸어. 결국 말갈과 여진 그리고 만주족은 다 같은 민족을 일컫는 말인 거야. 북방 유목 민족에 불과하던 말갈은 1115년, 아구다라는 사람이 말갈을 통일하고 요나라(거란)를 공격해서 크게 승리를 거둔 뒤 금나라를 세웠지. 이후 금나라는 몽골 족에게 멸망되었지만 그 후 다시 후금을 세우고, 청나라로 이름을 바꿨단다. 청나라는 중국의 마지막 왕조이기도 해.

말갈은 우리나라와 관계가 깊어. 6~7세기 무렵에는 말갈의 일부가 고구려의 지배를 받았고, 이후에는 발해의 지배를 받았으며, 몽골에게 멸망한 뒤에는 조선 초까지 압록강과 두만강 사이에 남아 있으면서 마찰과 화해를 거듭했지. 이후 청나라를 세운 뒤에는 조선을 침략해 정묘호란과 병자호란을 일으켰어.

거란도 중국 북방에 있던 부족이야. 우리나라의 후삼국 시대에 부족을 통일하여 거란국을 세우고 이름을 요나라로 바꿨어. 거란국은 발해를 멸망시켰지. 그리고 993년 소손녕의 침입을 시작으로 고려에 세 차례나 침입을 시도했어. 그러나 1차 침입은 서희의 담판으로, 2차 침입은 화친으로, 3차 침입은 강감찬 장군의 승리로 막을 내렸단다. 1125년 요나라는 금나라에게 멸망되었고, 그 후 1211년에 남은 세력인 서요도 몽골에게 멸망되었어.

이끌고 송화강을 건너 고구려의 옛 땅인 동모산에 이르렀어.

대조영은 동모산 기슭에 성을 쌓고 궁궐을 지어 도읍으로 삼았지. 그리고 나라 이름을 '진국'이라고 했단다(698년). 고구려가 멸망한 지 30년 만의 일이었어.

발해, '해동성국'으로 발전하다

진국을 건국한 고왕(대조영)은 만주 동북부 지방의 고구려 유민과 말갈인을 빠르게 받아들이고 고구려의 영토를 되찾아 나갔어.

진국의 세력이 커지자 당나라 헌종은 사신을 보내 화해를 청하며, 대조영을 '발해 군왕'이라고 불러 주었어. 진국을 나라로 인정한다는 뜻이야. 그 후 진국은 나라 이름을 '발해'로 바꾸었지(713년). 또 '천통'이라는 연호도 사용했어.

719년 대조영이 세상을 뜨고 태자 대무예가 왕의 자리를 이어받았어. 그가 바로 무왕이란다. 무왕은 '인안'이라는 독자적인 연호를 사용하고 활발한 정복 사업을 펼쳐 영토를 넓혀 나갔어.

당나라는 발해의 세력이 커지는 것에 불안을 느꼈어. 그래서 흑룡강 유역에 살고 있던 흑수말갈과 신라를 이용해 발해를 견제하려 했어. 무왕은 이에 맞서 돌궐, 일본과 손을 잡았지. 그리고 흑수말갈을 공격해서 크게 이겼단다. 그 후 흑수말갈은 더 이상 발해를 공격할 생각을 못 하게 됐어.

발해는 또 당나라를 공격해 산둥 반도를 점령하고 덩저우의 지방관을 살해하기도 했단다. 당나라도 가만히 있지 않았지. 통일 신라군의 지원을 받아 발해 남쪽 국경을 공격했어. 그러나 발해의 강한 방어벽을 뚫지 못하고, 추위와 식량 부족에 시달리다 결국 철수하고 말았지.

무왕이 죽고(737년) 문왕이 왕의 자리를 이어받으면서 계속되던 당나라와의 다툼은 끝이 났어. 문왕은 당나라와 사이좋게 지내는 정책을 폈어. 그리고 당나라의 앞선 문물과 제도를 받아들여 지배 체제를 정비하고 나라 안을 잘 다스리는 일에 더 힘을 썼지.

또 스스로를 '고려 국왕'이라고 부르며, 발해가 고구려를 이어받은 나라임을 분명히 했지. 고려 국왕이라는 호칭은 일본으로 보낸 외교 문서에서 처음 사용했다고 해.

도읍도 구국(동모산)에서 해란강 유역의 중경 현덕부로 옮겼어. 구국이 한 나라의 도읍으로는 땅이 너무 비좁다고 생각했던 거야. 대조영이 나라를 세운 후 30년 만의 일이지.

그 후에도 문왕은 도읍을 두 차례나 더 옮겼단다. 나라의 발전에 맞춰 더 알맞은 곳으로 도읍을 옮긴 거였어. 755년에는 상경 용천부로, 785년에는 다시 동경 용원부로 말이야.

세 번째 도읍이 된 상경 용천부는 평야 지대로 농사짓기에 알

상경성 궁성 정문 터
발해의 도읍이었던 상경 용천부의 성터야. 상경 용천부는 발해 5경 가운데 하나이자, 가장 오랜 시간 동안 발해의 도읍이었던 곳이지. 지금은 발해의 영광을 거의 찾아볼 수 없고 옛 성터와 왕궁 터만 남아 있어.

● 발해의 행정 제도

발해는 왕 밑에 3성(정당성·선조성·중대성)을 두고, 정당성 아래 6부(충·인·의·지·예·신)를 두었어. 발해의 행정 제도는 당나라의 3성 6부 제도를 본떠서 만든 것이었지만, 명칭이나 하는 일은 크게 달랐지. 당나라와 달리 나랏일은 귀족 합의 기구인 정당성을 중심으로 운영했고, 6부의 명칭인 '충·인·의·지·예·신'도 유교에서 따온 거였어.

행정 제도 정비는 문왕 때 시작해서 선왕 때 이르러 비로소 완성되었단다.

지방은 행정 구역을 5경, 15부, 62주로 나눠 다스렸어. 5경은 전략적으로 중요한 지역에 설치한 특별 행정 구역이었고, 15부는 각 지역에 본래 살고 있던 부족의 생활권을 중심으로 설치한 지방 행정의 중심지였어. 15부 아래는 62주를 설치하고 지방관을 파견해서 다스렸단다.

주 밑의 가장 말단인 촌락은 토착 세력인 촌장이 중앙으로부터 지배권을 인정받아 다스렸어. 그래서 촌락 주민의 대부분을 차지하고 있는 말갈인은 자신들의 전통적인 삶의 기반을 그대로 유지하며 생활할 수 있었지.

맞았지. 게다가 교통이 편리해서 적의 침입을 막기에도 좋은 곳이었어. 동경 용원부는 해상 교통이 편리한 곳이었고. 그 후 제5대 성왕 때 다시 세 번째 도읍이었던 상경 용천부로 도읍을 옮겼어. 상경은 발해가 멸망할 때까지 130여년간 발해의 도읍으로 있었단다.

발해의 세력이 커지면서 당나라는 '발해군'이라고 하던 나라 명칭을 '발해국'이라 부르고, 왕의 호칭도 '발해 군왕'에서 '발해 국왕'으로 고쳐 불렀어. 그만큼 발해가 무시할 수 없는 나라가 되었다는 뜻 아니겠니?

발해는 9세기 초, 제10대 선왕 때 이르러 전성기를 맞이했어. 선왕은 '건흥'이라는 연호를 사용하고, 문왕 이후 왕족과 귀족 사이의 다툼으로 어지러웠던 나라 정치를 바로잡아 왕권을 강화했단다.

또 북쪽의 여러 부족을 정벌하고, 남쪽의 신라를 공격해서 영토를 크게 넓혔지. 그리하여 발해는 고구려의 옛 땅이었던 연해주와 요동 지방의 대부분을 차지하게 되었어. 발해는 남쪽은 신라, 북쪽은 흑룡강, 동쪽은 바다, 서쪽은 거란과 맞닿은 큰 영토를 가진 나라가 되었단다.

발해는 이처럼 넓은 영토를 다스리기 위해 당나라의 제도를 받아들이고 중앙 행정 제도를 크게 정비했어. 중국인들은 크게 넓어진 영토와 잘 정비된 제도로 전성기를 누리고 있는 발해를 보며 '해동성국'이라고 불렀단다. 해동성국은 '바다 동쪽의 크게 번성한 나라'라는 뜻이야.

장백현 영광탑
'해동성국'이라 불릴 만큼 번영했던 발해의 옛 모습을 잘 보여 주는 탑이야. 벽돌을 쌓아 만든 이 탑은 높이가 13미터나 되지. 중국 길림성의 장백현에 가면 만날 수 있단다.

 발해의 멸망

이제 발해의 멸망에 대해서 이야기할 차례가 된 것 같구나. 발해는 왜, 어떻게 멸망했을까?

발해는 고구려보다 더 넓은 영토를 가지고 해동성국이라 불릴 만큼 번성했던 나라였지만, 멸망 과정은 너무나도 허망했어. 거란의 침입을 받고 겨우 사흘 만에 항복하고 말았으니까. 나라를 세운 지 228년 만인 926년 일이었어.

발해가 왜 그렇게 허망하게 멸망했는지는 남아 있는 기록이 변변치 않아 자세히 알 수 없단다. 다만 지배층의 분열과 권력 다툼으로 나라가 어지러워져, 거란의 침입에 제대로 맞서지 못했을 것이라고 추측할 따름이야.

통일 신라와 발해는 어떤 나라들과 교류했을까?

백제와 고구려를 멸망시킨 통일 신라는 드디어 당나라 세력까지 몰아냈어. 그리고 강해진 나라 힘을 바탕으로 주변 여러 나라와 활발하게 교류했지.

신라가 가장 활발하게 교류한 나라는 당나라였어. 많은 신라 사람이 당나라를 오갔고, 그래서 당나라에는 신라 사람들이 모여 사는 '신라방'이라는 마을이 생겼지. 또 이들을 관리하는 관청 '신라소'와 사찰 '신라원' 그리고 숙박 시설인 '신라관' 등도 생겨났어.

울산과 당항성은 당시 대표적인 무역항이었지. 이 두 곳은 이슬람 상인까지 오갈 정도로 크게 번창했던 국제적인 무역항이었단다. 신라는 이곳에서 금은 세공품을 당나라로 수출하고, 당나라의 비단과 책을 수입했어. 또 동남아시아와 서역에서 보석과 향신료 등도 수입했지.

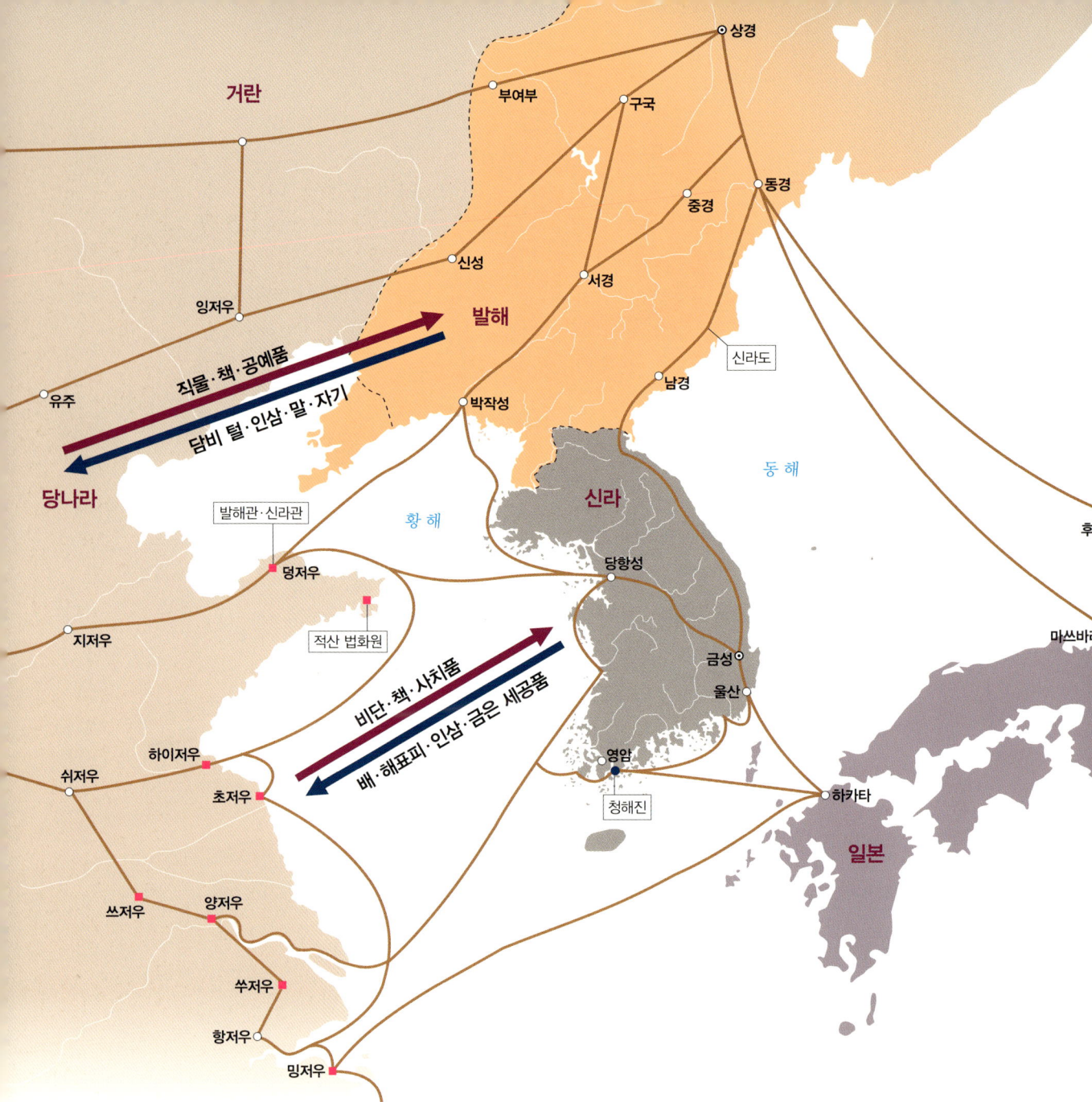

신라는 일본과도 활발하게 교류했어. 일본으로 금속 제품과 모직물 등을 수출하고 불교와 유교 사상도 전해 줘서 일본 문화 발전에 크게 이바지했단다. 또 당나라와 일본 사이의 중계 무역으로 이익을 얻기도 했지.

국제 교류가 활발해지면서 학문이나 종교를 배우기 위해 당나라로 유학 가는 사람도 많아졌어. 그중에는 당나라에서 외국인을 위해 마련해 놓은 과거 제도인 빈공과에 합격한 사람도 있었지.

이 무렵의 일을 이야기할 때 빼놓을 수 없는 인물이 있어. 바로 장보고야. 9세기 초, 장보고는 완도에 청해진을 설치했어. 그런 다음 해적을 소탕해 바닷길을 통한 무역을 장악했지. 청해진은 동아시아 국제 무역 뱃길의 중요한 길목이 되었단다.

그럼 이번에는 발해가 어떤 나라들과 교류했는지 알아볼까?

발해는 당나라, 일본, 거란, 신라 등과 활발하게 교류했어. 그중에서도 당나라, 일본과 교류가 많았지.

영토가 넓어진 발해는 넓은 땅을 다스리기 위해 도로망을 정비했어. 또 당나라, 신라, 일본, 거란 등과 오가며 무역을 할 수 있는 길도 만들었지. 이 길을 통해 발해는 자기 나라 특산품인 말, 담비 등을 수출하고 다른 나라의 특산품을 수입했어.

당나라와 교류가 활발해지면서 덩저우에는 발해인의 숙소인 '발해관'이 설치되었어. 또 많은 발해 사람이 당나라에 유학도 갔단다. 그리고 신라와 마찬가지로 당나라의 빈공과에 합격하는 유학생도 생겼지.

일본과의 교류는 건국 초기에는 당나라와 신라를 견제할 목적이었지. 하지만 차츰 경제적·문화적 교류로 성격이 바뀌었

● 청해진과 해상왕 장보고

장보고는 바닷가에서 태어난 평민 출신이었지. 신라는 귀족만 높은 관직에 오를 수 있는 나라였기 때문에 장보고는 출세에 한계가 있었어. 그래서 어린 시절에 당나라로 건너갔고, 군인이 되어 이름을 떨쳤지.

그 무렵 중국에는 해적에게 잡혀 와 노예가 된 신라 사람이 많았어. 그들의 비참한 생활을 보고 울분을 느낀 장보고는 신라로 돌아왔어(828년). 그리고 흥덕왕에게 노예로 잡혀가 비참한 생활을 하고 있는 신라인들의 이야기를 전하며, 해적을 소탕할 수 있는 기지를 설치하게 해 달라고 청했단다.

흥덕왕은 허락을 내렸어. 장보고는 지방 백성 1만여 명을 완도에 모아 청해진을 건설하고 해적 소탕에 나섰어. 장보고의 활약으로 얼마 지나지 않아 신라 해안에서는 해적이 자취를 감췄지.

장보고는 해적 소탕에서 멈추지 않았어. 청해진을 당나라, 신라, 일본을 잇는 삼각 무역의 중심지로 발전시켜 나갔어. 그래서 동아시아의 바다를 장악하고 국제 무역을 주도해 나가게 되었지. 그와 같은 활동으로 장보고는 많은 부를 축적하고 명성도 얻게 되었어. 또 신라인이 많이 살고 있는 산둥 성에 '법화원'이라는 절을 짓기도 했단다.

세력이 커진 장보고는 신무왕이 신라의 왕위에 오르는 데 큰 역할을 했어. 그 공을 인정받아 장군으로 승진했지. 각 부대의 최고 지휘관인 장군은 진골만 될 수 있었는데, 평민인 장보고가 장군이 된 거야.

많은 귀족이 평민인 장보고의 출세에 불만을 품었고, 또 그의 세력이 자꾸 커지는 것에 두려움을 느꼈어. 그래서 장보고의 부하였던 염장을 자객으로 보내 장보고를 살해했단다.

장보고의 죽음은 단순히 개인의 불행으로 끝나지 않았어. 그가 죽은 후 동아시아 무역의 중심지였던 청해진은 사라졌고, 신라 경제도 큰 타격을 입었지. 그래서 통일 신라는 차츰 내리막길을 걷게 되었단다.

청해진 유적지에서 출토한 주름 무늬 병

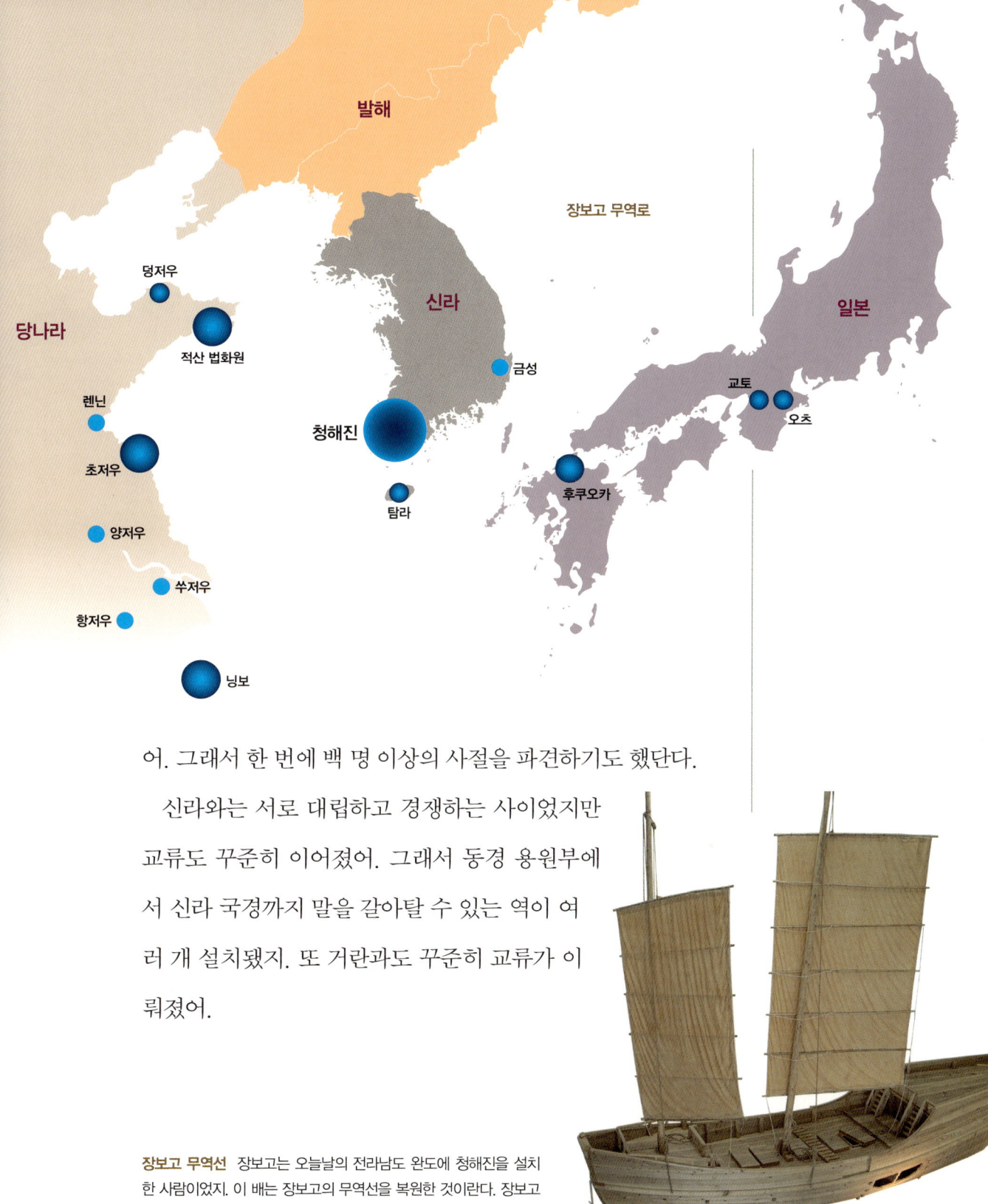

어. 그래서 한 번에 백 명 이상의 사절을 파견하기도 했단다.

신라와는 서로 대립하고 경쟁하는 사이었지만 교류도 꾸준히 이어졌어. 그래서 동경 용원부에서 신라 국경까지 말을 갈아탈 수 있는 역이 여러 개 설치됐지. 또 거란과도 꾸준히 교류가 이뤄졌어.

장보고 무역선 장보고는 오늘날의 전라남도 완도에 청해진을 설치한 사람이었지. 이 배는 장보고의 무역선을 복원한 것이란다. 장보고와 청해진 사람들은 이런 무역선을 타고 중국과 일본을 오갔을 거야.

11

통일 신라와 발해의 문화

남쪽의 통일 신라와 북쪽의 발해, 이 두 나라가 나란히 있던 시기를 '남북국 시대'라고 불러. 통일 신라는 고구려와 백제의 문화를 받아들여 하나의 민족 문화를 발전시킬 수 있는 기틀을 마련했어. 해동성국이라 불릴 만큼 번영했던 발해는 옛 고구려보다 더 넓은 영토를 차지하고 높은 문화 수준을 자랑했지. 남북국 시대의 조상들이 남긴 발자취를 따라가 보자꾸나.

11 통일 신라와 발해의 문화

통일 신라의 불교문화 | 빼어난 불교 예술 작품 | 고구려 문화를 이어받은 발해 문화

통일 신라의 불교문화

신라는 삼국 통일 후 백제와 고구려 문화를 어우르고 당나라의 문화를 받아들였단다. 그래서 문화의 내용이 한층 풍성해지고 하나의 민족 문화로 발전할 수 있는 기틀이 마련되었지. 특

영주 부석사 무량수전
(국보 18)
영주 부석사는 경상북도 영주시에 있어. 문무왕은 의상 대사의 화엄 사상이 널리 퍼지길 바랐지. 그래서 의상 대사에게 부석사로 가 화엄 사상을 널리 전하라고 명하였단다.

히 불교가 크게 성해서 신라 사람들의 삶에 큰 영향을 미쳤어.

이 시절 신라의 불교를 이야기할 때 빼놓을 수 없는 두 큰 스님이 있어. 원효와 의상이야. 이들은 출신 성분이 다르고(원효는 6두품, 의상은 진골), 스님으로서의 수행 방법이 달랐으며, 학문과 사상에 대한 태도도 같지 않았어. 그렇지만 신라 불교에 미친 영향은 누가 더 크다 작다 말하기 힘들 만큼 대단해.

또 이들은 좋은 벗이었어. 자기와 다른 상대방을 내치거나 비난하지 않고 이해하고 받아들이며, 자기에게 부족한 것을 상대방에게 배웠지.

원효
원효는 불교를 널리 퍼뜨린 스님이었어. 태종 무열왕의 딸인 요석 공주와 결혼하여 설총을 낳았지. 훗날 설총은 이두를 정리하고 신라 유학 발전에 크게 힘쓴 학자로 자라났단다.

둘은 젊은 시절 고구려의 보덕 스님에게 함께 가르침을 받았어. 그 후 함께 당나라 유학길에 올랐어. 그러나 원효는 비를 피해 들어간 토굴(사실은 무덤이었음)에서 해골바가지에 고인 물을 마신 후 깨달음을 얻어 국내에 그대로 남았지. 그리고 의상 혼자 당나라로 향했단다.

당나라에서 10년 동안 공부를 하고 돌아온 의상은 해동 화엄종을 새로 열었어. 뿐만 아니라 양양 낙산사, 영주 부석사, 지리산 화엄사 등 10여 개의 절을 새로 지어 불교 발전에 크게 이바지했어. 또 화엄 사상을 바탕으로 교단을 만들어 3천여 명의 제

감은사 서삼층석탑 사리장엄구—전각 모양 금동사리내함, 금동사리외함

(보물 366) 감은사는 통일 신라의 신문왕 때 경주에 지은 절이었어. 하지만 지금은 삼층석탑과 절터만 남아 있지. 이 사리장엄구는 국보 제112호인 감은사지 삼층석탑에서 발견되었어. 섬세하고 아름다운 통일 신라의 예술 감각이 담겨 있는 문화유산이야.

자를 길러 내기도 했지.

그럼 '화엄 사상'이란 무엇일까? 몇 마디 말로 설명하기 쉽지 않은데, '세상의 모든 것은 서로가 서로에게 의존하는 관계에 있고 조화를 이루고 있다.'는 것을 강조하는 사상이야. 그러한 바탕 위에서 '하나가 전체요, 전체가 하나.'라는 가르침을 전하고 있어.

분열과 대립에서 화해와 통일의 길로 가야 하는 과제를 안고 있었던 당시의 시대 상황으로 인해, 의상의 화엄 사상은 왕실과 귀족에게 큰 환영을 받았지.

한편 원효는 특정 종파에 얽매이지 않고 불교의 여러 종파를 하나로 어우르는 일에 힘썼어. 또 백성 속에서 백성과 더불어 살며 부처님의 가르침을 널리 알리기 위해 노력했단다.

"둔하거나 재간이 적은 사람은 글과 내용이 많으면 어렵다고 생각한다. 그러나 하나의 계송(부처님의 뜻을 기리거나 가르침을 기록한 내용)을 외워 항상 생각하면 누구나 일체의 불법을 깨달을 수 있다."

이것이 원효의 가르침이야. 그래서 불경의 깊은 뜻을 몰라도 '부처님께 돌아가 의지한다.'는 뜻인 '나무아미타불'이라는 염불만 되풀이해서 외우면 누구나 부처가 될 수 있고, 정토(극락)에 갈 수 있다고 가르쳤어.

원효의 이러한 가르침 덕분에 일반 백성도 부처를 알게 되었고 '나무아미타불'을 외며 불심을 키우게 되었지. 이것은 신라 사람들의 마음을 하나로 모아서 삼국을 통일하는 데 밑거름이 되었단다. 원효와 의상의 불교 사상은 불교 국가였던 고려는 물론 오늘날까지도 많은 영향을 미치고 있어.

원효와 의상 이야기를 했으니 혜초 스님 이야기도 해야겠구나. 혜초는 당나라에 유학 갔다가 10년 동안 인도와 페르시아, 중앙아시아의 여러 나라를 순례하고 돌아와 《왕오천축국전》이라는 여행기를 남겼단다. '천축'은 당시에 인도나 인도 방면을 일컬었던 말이야.

《왕오천축국전》은 8세기 무렵 서역 여러 나라의 종교와 풍속, 문화를 알려 주는 귀중한 자료란다.

황룡사 목탑 심초석 출토 사리 갖춤

황룡사의 구층목탑 터에서 발견한 유물이야. 금동판으로 만든 사리 갖춤에 금합, 은합, 구슬 목걸이, 사리함 등이 있었어.

《왕오천축국전》
순례 지도
○ 여행 지역
● 견문 지역
→ 여행 경로
⇢ 추정 경로

　통일 신라에서 불교만 크게 성했던 것은 아냐. 통일 후에는 왕권을 강화하기 위해 유교를 받아들이고 '나라를 다스리는 바탕 사상'으로 삼았어. 유교에는 임금을 섬기는 사상이 담겨 있기 때문에 왕권 강화를 위한 통치 이념으로 삼았던 거였지. 이에 따라 유학 교육을 위해 국학을 설립하고, 8세기 말에는 '독서삼품과'라는 관리 선발 제도도 만들었어. 독서삼품과는 유교 경전 시험을 봐서 관리를 선발했던 제도야.

　이와 같은 유학 장려 정책은 신라 문화 발전에 많은 영향을 미쳤어. 설총은 유학을 깊이 연구하고 '이두'를 정리해서 우리말을 쉽게 기록할 수 있게 했어. 강수는 외교 문서를 잘 만들어 이름을 날렸지. 또 진골 출신이었던 김대문은 《화랑세기》《고승전》《계림잡전》 같은 신라의 역사와 풍토에 대한 책을 썼고, 큰 문장가로 이름을 떨쳤던 최치원은 《계원필경》이라는 개인 문집을 남겼단다.

빼어난 불교 예술 작품

통일 신라를 이야기하면서 빼놓을 수 없는 또 한 가지는 빼어난 불교 예술 작품이야.

통일로 평화와 안정을 되찾자, 신라 사람들은 불국 정토(불교에서 말하는 이상 세계)를 신라 땅에서 이룩하려 했지. 경주 불국사는 그러한 신라인들의 염원이 담겨 있는 대표적인 건축물이란다.

경주 불국사의 청운교와 백운교 (국보 23) 불국사의 대웅전과 극락전 앞에 만든 계단이야. 하지만 다리처럼 만들어서 '청운교' '백운교'라는 이름이 붙었어. 원래는 아랫부분에 연못이 있었다고 하는데, 지금은 남아 있지 않아.

경주 불국사 삼층석탑
(국보 21)

경주 불국사 다보탑
(국보 20)

불국사에 있는 청운교와 백운교, 삼층석탑(석가탑)과 다보탑은 신라인들이 염원했던 불교의 이상 세계를 보여 주는 예술 작품이라고 할 수 있어. 이를 통해 서로 조화를 이루며 자리 잡고 있는 모습을 표현한 거였지.

불국사 삼층석탑은 안정감과 조화미가 뛰어나 통일 신라를 대표하는 석탑이야. 1966년, 이 탑 안에서 〈무구 정광 대다라니경〉이라는 목판 인쇄물을 발견했어. 이는 경덕왕 때인 751년에 간행된 것으로, 세계에서 가장 오래된 목판 인쇄물로 인정받고 있지.

석굴암도 세계에 자랑할 만한 불교 예술의 걸작이란다. 석굴암의 처음 이름은 석불사였는데 뒷날 석굴암이라고 부르게 되었다고 해.

석굴암은 바위를 뚫고 들어가 만든 일반적인 석굴 암자와 구조가 달라. 화강암을 다듬어 쌓아 올린 후 그 위에 흙을 덮어 만든 인공 석굴 암자란다. 안으로 들어서면 한가운데에 본존불(신앙의 중심이 되는 부처)이 있고 주변에 다양한 불교 조각이 자리 잡고 있어.

본존불의 온화한 얼굴 표정과 어깨에 걸친 옷 주름은 살아 있는 부처의 모습을 보는 듯한 감동을 준단다.

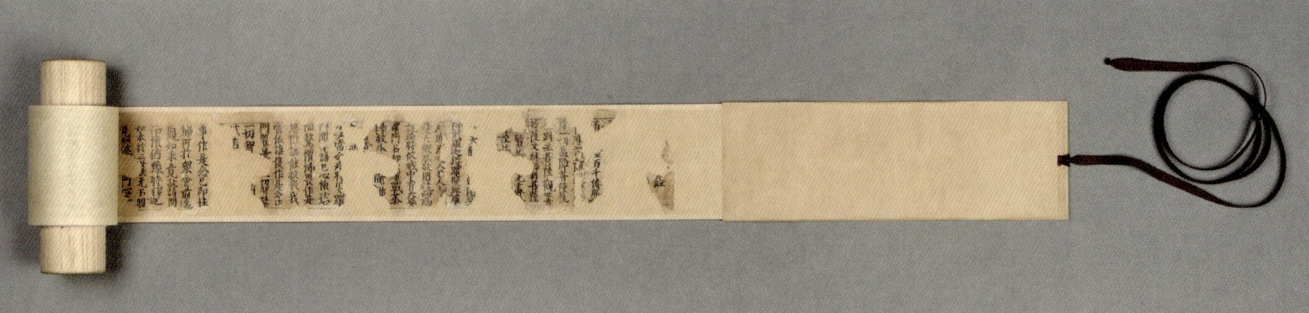

신라 사람들이 이상적으로 생각했던 부처의 모습은 바로 이런 것이 아니었을까 하고 생각돼. 또 주변의 조각품 하나하나도 정교하고 빼어난 솜씨를 보여 주는 불교 조각의 걸작이라 할 수 있어.

불국사와 석굴암은 김대성이 부모님과 세상 사람들을 위해 짓기 시작했는데, 다 짓지 못하고 죽자 나라에서 완공하였지.

불국사와 석굴암 외에도 경주 남산에는 통일 신라 사람들의 불교적 염원을 엿볼 수 있는 여러 모양의 불상과 마애불, 석탑이 자리하고 있단다.

이번에는 통일 신라의 범종에 대해서 알아볼까? 통일 신라 시대의 범종은 당시 금속 주조 기술이 크게 발달해 있었음을 알 수 있게 해 줘.

상원사 동종은 우리나라에 남아 있는 종 가운데 가장 오래된 종이지. 또 국립경주박물관에 있는 성덕 대왕 신종은 가장 큰 종이고.

성덕 대왕 신종은 높이 3.33미터, 지름 2.27미터, 둘레 7.73미

무구 정광 대다라니경
(국보 126-6)

1966년 10월, 불국사 삼층석탑을 보수하려고 탑을 열었을 때였어. 안에서 사리함, 구슬, 비천상 등의 유물과 함께 〈무구 정광 대다라니경〉이 나왔지. 751년에 탑을 세우면서 넣은 것이었단다. 〈무구 정광 대다라니경〉 역시 751년 무렵 목판에 인쇄했던 것으로 보고 있어.

● 불국사와 김대성

김대성은 재상을 지낸 김문량의 아들로 '집사부 중시'라는 높은 벼슬을 지냈어. 사냥을 좋아했던 김대성은 어느 날 사냥을 나가 곰을 잡았어. 그날 밤이었지. 곰이 꿈에 나타나서 자기를 죽였다고 원망하며, 환생(다시 태어남)해서 김대성을 잡아먹겠다고 말했어.

김대성이 용서를 빌자, 곰은 자기를 위해 절을 지어 달라고 했지. 잠에서 깬 김대성은 큰 깨달음을 얻었단다. 그러고는 좋아하던 사냥을 멈추고 불교의 가르침을 따르게 되었어. 그리고 벼슬을 그만둔 후 부모님과 세상 사람들을 위해 절을 짓기로 했지. 그렇게 해서 지은 것이 불국사와 석불사야.

김대성의 전생에 대해서는 다음과 같은 이야기가 전하고 있어.

김대성은 전생에 경주 모량리의 가난한 집에서 태어나, 부잣집에서 품팔이를 하며 살았다고 해. 어느 날 스님이 찾아와 "하나를 보시하면 만 배의 이익을 얻는다."고 말했어. 그 말에 따라 김대성은 그동안 품팔이하여 마련한 밭을 시주했어.

얼마 뒤 김대성은 죽었고, 김문량의 집에 다시 태어났단다. 그리고 가난한 집에서 태어났던 전생의 어머니를 모셔다 함께 살았지. 김대성은 전생의 어머니를 위해서는 석불사를, 현세의 부모를 위해서는 불국사를 짓기 시작했던 거야.

이것은 《삼국유사》에서 전하는 설화로, 사실이라고 그대로 믿기는 조심스러운 이야기야. 김대성은 불국사와 석불사를 완성하지 못하고 죽었어. 그 후 나라에서 공사를 계속해서 다 짓게 되었지. 불국사와 석불사를 다 짓는 데에는 30년이나 걸렸다고 해. 그리고 석불사는 후에, 지금 우리가 부르는 것처럼 '석굴암'이라 부르게 되었어.

터, 두께 11~25센티미터, 무게는 18.9톤이나 돼. 종을 만드는 데에는 구리가 12만 근이나 들어갔다고 하고, 완성하기까지는 30년이나 걸렸대.

이 종은 아름다운 소리와 종 표면의 비천상 무늬로도 유명해.

🟢 에밀레종의 전설

'성덕 대왕 신종'을 '에밀레종'으로 부르게 된 데에는 다음과 같은 전설이 전하고 있어.

신라 제35대 경덕왕은 부왕인 성덕왕을 기리기 위해 봉덕사에 큰 종을 만들라고 명했지. 신하들은 종을 잘 만들기로 이름난 일전이라는 사람에게 종 만드는 일을 맡겼어.

종이 완성되자 경덕왕은 종을 보기 위해 봉덕사에 왔어. 그런데 스님 한 분이 힘껏 종을 쳤지만 종에서 소리가 나지 않았지. 다른 사람이 종을 쳐 봤지만 마찬가지였어.

경덕왕은 "정성이 부족하여 부처님께서 노하신 것 같으니, 다시 시주를 받아 더욱 정성을 들여 종을 만들라."고 명했어.

성덕 대왕 신종 (국보 29)
_국립경주박물관

봉덕사의 스님들은 부지런히 시주를 받으러 다녔고, 그동안 경덕왕은 세상을 떴어. 그렇지만 종 만드는 일은 계속됐지.

어느 날 봉덕사의 주지 스님은 꿈속에서 이상한 소리를 들었어.

"얼마 전 시주를 받으러 갔다가 빈손으로 돌아온 집의 아이를 데려오너라. 그 아이를 넣고 종을 만들어야 제대로 소리가 날 것이니라."

잠에서 깬 주지 스님은 생각나는 일이 있었지. 어떤 집에 시주를 받으러 갔는데, 아이를 안고 있던 여자가 "우리 집은 가난해서 시주할 것이 없으니, 이 아이라도 받아 가려면 데려가시오."라고 말을 했어.

주지 스님은 부처님의 뜻이라면 마땅히 그렇게 해야 한다고 생각하고는, 날이 밝자 서둘러 그 집을 찾아가 꿈 얘기를 했지. 여자는 처음에는 아이를 내줄 수 없다고 버텼지. 그렇지만 결국 눈물을 흘리며 스님에게 아기를 주었어.

주지 스님은 펄펄 끓는 쇳물 속에 아기를 집어넣고 종을 다시 만들었지.

그렇게 만든 종은 비로소 맑은 종소리를 냈어. 그런데 종소리에 아기의 울음소리 같은 '에밀레, 에밀레' 하는 소리가 섞여 나왔어. 그래서 이 종을 '에밀레종'이라고 부르게 되었단다.

비천상은 네 명의 천인이 무릎 꿇은 자세로 향로를 들고 공양하는 모습을 조각한 아름다운 작품이야.

성덕 대왕 신종은 '에밀레종'으로 더 많이 알려져 있어. 에밀레종의 전설에 대해서는 많이들 알고 있을 거야.

통일 신라 시대의 예술을 이야기하면서 빼놓을 수 없는 것이 또 하나 있어. 바로 안압지란다. 안압지는 빼어난 건축 기술과 조경 기술을 보여 주는 인공 연못이야. 신라의 왕과 신하들은 이곳에서 연회를 베풀거나 회의 장소로 사용했다고 해.

안압지에서 나온 많은 유물은 당시 왕실과 귀족의 생활이 얼마나 호사스러웠나를 엿볼 수 있게 해 줘. 안압지는 통일 신라의 귀족 문화를 대표하는 장소라고 할 수 있어.

경주 안압지
문무왕은 삼국을 통일하고 새 왕궁을 지었어. 왕자가 쓰기 위한 동궁이었지. 바로 이 동궁에 딸린 연못이 안압지였단다.

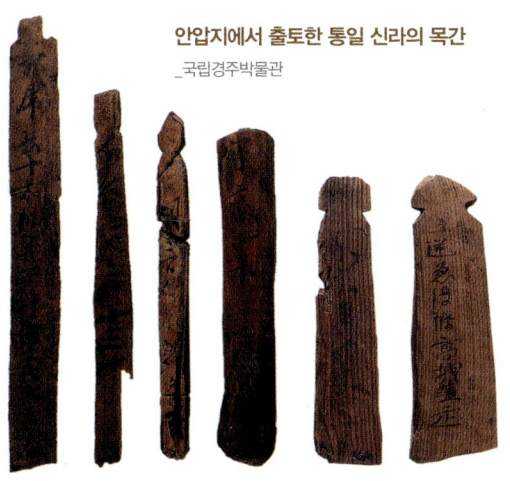

안압지에서 출토한 통일 신라의 목간
_국립경주박물관

안압지에서 출토한
통일 신라의 금동 가위
_국립경주박물관

고구려 문화를 이어받은 발해 문화

발해는 '해동성국'이라는 말을 들을 정도로 번성한 나라였던 만큼 당연히 문화 수준도 높았어. 그러나 남아 있는 유물이 많지 않아 자세한 것을 알기 힘든 점이 아쉽단다. 그래도 많지 않은 유물과 유적을 통해 통일 신라 못지않은 화려한 문화 수준을 가진 나라였다는 사실을 짐작할 수 있지.

발해도 신라와 마찬가지로 불교가 크게 융성했어. 발해의 도읍이었던 상경성과 중경성 등의 궁궐터와 주변 절터에서는 기와, 토기, 불상, 돌사자, 석등, 기와를 비롯한 수많은 유물이 출토되었어. 그중에서도 상경성 절터에서 나온 흙을 구워 만든 불상과, 부처 둘이 나란히 앉아 있는 불상이 유명하지. 이 둘은 고구려의 양식을 계승한 거야.

발해의 조각은 출토된 벽돌과 기와를 통해서 알 수 있어. 벽돌과 기와에 조각된 무늬도 고구려의 영향을 받아 소박하고 힘찬 느낌을 주는 것이 특징이란다.

발해는 자기 공예도 높은 수준을 자랑했어. 자기는 도자기의 한 갈래로 표면이 매끄럽고 단단하며, 두드리면 맑은 쇳소리가 나는 그릇이야. 발해의 자기는 색깔과 모양, 크기 등이 매우 다양했어. 그래서 당나라 사람들도 우수성을 인정해 많이 수입해 갔다고 해.

발해의 건축은 궁궐터나 절터를 통해 짐작해 볼 수 있어. 상경성은 당나라의 도읍 장안을 본떠 만든 계획도시였어. 외성을 쌓고, 남북으로 '주작대로'라는 넓은 길을 뚫었지. 그 안에 궁궐과 사원(절)이 웅장하고 질서 있게 자리 잡고 있어.

또 상경 흥륭사에는 발해 석등이 온전한 모습으로 남아 있어 발해 예술의 자취를 엿볼 수 있단다. 팔각형으로 된 기단 위에 약간 불룩하고 둥근 간석(기둥)을 세우고, 그 위에 창문과 기왓골이 조각된 지붕을 올린 모양의 석등이지. 현무암으로 만든 데다 높이가 6미터나 되어 웅장한 느낌까지 준단다. 또 기단에 새긴 연꽃도 힘찬 느낌을 주지.

고분으로는 고구려의 굴식 돌방무덤을 계승한 정혜공주묘와 당나라의 벽돌무덤 양식을 따른 정효공주묘가 남아 있어. 또 변두리 지역에서는 말갈의 전통 양식인 흙무덤을 많이 만들었지.

흥륭사 발해 석등
흥륭사는 발해의 도읍이었던 상경성 터에 있는 청나라 때의 절이야. 비록 발해에서 지은 절은 사라지고 없지만, 발해의 석등과 석불만은 온전하게 남아 있단다.

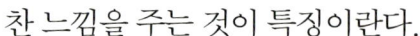

연꽃무늬 수막새
상경성 터에서 발견했어. 고구려를 계승한 나라답게 고구려와 만드는 방법, 생김새 등이 비슷해.

발해에서는 불교 못지않게 유교도 성했어. 통치 체제를 가다듬는 과정에서 유교를 통치 이념으로 적극 받아들였기 때문이야. 이에 따라 주자감을 설치해 귀족 자제에게 유학 교육을 시켰고, 많은 사람이 당나라로 공부하러 가기도 했지.

유학과 아울러 한문학도 크게 발달했어. 그래서 발해의 당나라 유학생은 빈공과에 합격하기도 하고, 신라 유학생과 장원 자리를 놓고 경쟁을 벌이기도 했단다. 빈공과가 당나라에서 유학생을 위해 마련한 과거 제도라는 것은 앞에서 이야기했지?

지금까지 살펴본 것처럼 발해는 고구려의 문화를 계승하고, 여기에 당나라의 문화를 받아들여 독자적인 문화를 일궈 나갔어. 그러나 고구려와 발해의 앞선 문화를 받아들이기 어려웠던 변두리 지역에서는 말갈의 토착 문화가 그대로 유지되었단다.

정효공주묘비
중국 길림성의 연변에는 발해 제3대 왕이었던 문왕의 넷째 딸 정효공주의 묘가 남아 있어. 이 묘비에는 정효공주가 누구인지, 또 언제 세상을 떠났는지 등 자세한 내용이 담겨 있단다.

상경성 궁성 제1궁전 터
상경성의 궁성은 중심·북·동·서 구역으로 나뉘었어. 가장 중요한 곳은 바로 중심 구역이었지. 중심 구역에는 제1~제7궁전 터가 남아 있는데, 그중에서 제1궁전 터와 제2궁전 터가 가장 웅장한 모습을 갖추고 있었다고 해.

12

통일 신라, 세 나라로 나뉘다

찬란한 문화를 누리던 통일 신라의 하늘에도 차츰 어둠이 깃들었어. 지속되는 평화 속에서 진골 귀족들은 사치를 일삼았어. 많은 귀족이 왕위를 노리며 끊임없는 다툼을 벌였고, 지방에서 일어난 호족은 마치 왕처럼 행세했지. 그런 데다 자연재해까지 겹쳐 농민들은 더욱 살기 어려워졌단다. 그리고 이 무렵, 통일 신라에 새로운 세력이 들어서기 시작했어.

12 통일 신라, 세 나라로 나뉘다

흔들리는 통일 신라 | 농민이 들고일어나다 | 새로운 세력의 등장 | 후삼국 시대가 시작되다

흔들리는 통일 신라

신라는 삼국을 통일한 후 백여 년 동안 넓어진 영토와 늘어난 인구를 바탕으로 크게 번영하며 찬란한 문화의 꽃을 피웠단다. 통일 신라의 찬란했던 문화에 대해서는 앞에서 이미 이야기를 했지?

그러나 통일 신라의 하늘에도 차츰 황혼이 깃들기 시작했단다. 신라가 내리막길을 걷게 된 것은 진골 귀족의 왕권 다툼과 사치스러운 생활에서 그 원인을 찾을 수 있어.

통일 후 평화가 계속되면서 진골 귀족의 수가 크게 늘어났지. 전쟁에 나가 죽는 일이 없었으니까. 그렇지만 그들이 차지할 수 있는 벼슬자리는 한정되어 있어서 귀족 사이에 권력 다툼이 끊이지 않았어.

더욱이나 8세기 후반에는 어린 나이에 왕의 자리에 오른 혜공왕이 귀족 사이의 권력 다툼으로 살해되는 일까지 벌어졌어. 그 후 진골 귀족들의 왕위 쟁탈전은 더욱 치열해졌단다. 혜공왕에게 대를 이을 아들이 없던 탓에, 태종 무열왕 이후 계속되어 오던 김씨의 왕위 세습이 끊겼기 때문이야. 혜공왕 이후 150여 년 동안 왕이 스무 명이나 바뀌었지.

또 웅주 도독 김헌창은 아버지 김주원이 왕이 되지 못한 데 불만을 품고 아들과 함께 반란을 일으켰어. 그리고 신라 아홉 개 주 가운데 다섯 개 주를 차지하고 나라 이름을 '장안', 연호를 '경운'이라고 하는 등 세력을 떨쳤단다.

김헌창의 난은 실패로 끝났지만, 그 후 지방에 대한 중앙 정

경주 포석정지
포석정은 통일 신라의 왕실 사람들과 귀족들이 모여 잔치를 벌였던 곳이야. 물길을 만들고 그 위에 술잔을 띄워 풍류를 즐겼지. 예전에는 정자도 있었다고 하는데, 지금은 물길만 남아 있어.

부의 통제력은 급격히 떨어지고 정치는 더욱 혼란스러워졌지.

또 왕권이 약해진 틈을 타서, 왕의 통제에서 벗어난 귀족은 넓은 토지를 소유하고 많은 노비를 거느리며 호사스럽게 살았어. 뿐만 아니라 어려운 농민에게 곡식을 빌려 주고 높은 이자를 붙여 돌려받는 등 농민을 착취했어. 게다가 자신을 보호하기 위해 사병을 거느리기도 했지.

나라가 혼란에 빠지고 귀족의 착취까지 겹치면서 농민들은 말할 수 없는 어려움을 겪게 되었지.

엎친 데 덮쳐 가뭄과 홍수 등 자연재해가 계속되고 전염병까지 돌아 농민들의 생활은 비참하기 그지없었단다.

그러나 국가는 농민을 보호하고 고통을 덜어 주기 위해 힘쓰지 않았어. 오히려 국가 재정이 부족하다는 이유로 세금을 마구 거둬들였지. 농민들은 삶의 터전을 잃고 노비가 되거나 도적이 되어 관청과 귀족의 집 또는 사원 등을 약탈했어. 때로는 세력을 키워 중앙 정부에 저항하기도 했지.

망새
경주의 황룡사 터에서 발견한 망새야. 처음 발견했을 때는 조각조각 떨어져 있었는데, 하나하나 모아 다시 붙였다는구나. 이 망새 하나의 높이가 182센티미터나 된대. _ 국립경주박물관

농민이 들고일어나다

통일 신라의 혼란은 9세기 말 진성 여왕 때 더욱 심해졌어.

진성 여왕은 오빠인 정강왕이 뒤를 이을 아들 없이 죽자, 그 자리를 이어받아 신라의 세 번째 여왕이 되었어. 처음에는 백성

의 세금을 1년 동안 면제해 주는 등 민심을 수습하기 위해 애썼지. 또 향가집인 《삼대목》도 편찬하도록 했어.

그러나 차츰 나랏일을 각간(신라 최고의 관직 중 하나) 위홍에게 맡기고 방탕한 생활에 빠져들었어. 오래지 않아 관리의 부정부패로 나라 살림은 파탄에 이르렀고, 바닥난 나라 재정을 메우기 위해 많은 세금을 거둬들이는 바람에 백성의 살림살이는 더욱 오그라들었단다.

견디다 못한 농민들은 여기저기서 들고일어났어. 또 사방에서 도둑 떼가 들끓었지.

조직적이고 규모가 큰 첫 농민 봉기는 889년에 사벌주(신라 9주의 하나였던 상주)에서 일어난 원종과 애노의 난이야. 원종과 애노의 난을 시작으로 전국 여기저기서 농민 봉기가 잇달았단다.

금성 서남쪽에서 농민들이 붉은 바지를 입고 봉기했어. 이들은 모두 단결의 표시로 붉은 바지를 입었고, 이 때문에 사람들

《삼대목》

《삼대목》은 신라의 상중하 3대에 걸친 노래를 수집해서 엮은 향가집이야. 그러나 《삼국사기》에 책에 대한 기록만 있을 뿐, 책은 전하지 않아. 진성 여왕 2년(888년), 각간 위홍과 대구 화상이 왕명을 받아 편찬한 우리나라 최초의 노래집이지.
향가는 한자의 음(소리)과 훈(뜻)을 빌어서 쓴 신라 고유의 노래야. 그때는 우리글이 없었던 때라 한자의 소리나 뜻을 빌려서 노래를 지을 수밖에 없었지.

은 '적고적(붉은 바지를 입은 도적)'이라고 불렀지. 적고적은 금성까지 쳐들어갈 만큼 세력을 떨쳤단다.

그 무렵의 일이야. 당나라로 유학 가서 빈공과에 합격해 당나라 관리 노릇을 하던 최치원이 17년 만에 귀국했어. 최치원은 나라의 혼란스러운 모습을 보며, 이대로 가다가는 나라가 망할지도 모른다는 걱정을 하게 됐지. 그래서 〈시무책 10조〉를 만들어 진성 여왕에게 건의했어.

〈시무책 10조〉의 자세한 내용은 전해 내려오지 않지만, 유교를 정치적 이념으로 받아들이고 6두품을 중심으로 정치를 개혁해서 민심을 수습하고 왕권을 강화하자는 내용이 아니었나 생각돼.

그러나 〈시무책 10조〉는 진골 귀족의 강한 반발에 부딪쳐 시행에 옮길 수 없었어. 어쩌면 신라는 새로운 나라로 다시 태어날 수 있는 마지막 기회를 놓친 것인지도 몰라.

최치원
최치원은 훌륭한 유학자이자 탁월한 문장가였어. 어린 나이에 당나라로 유학을 떠나서 당나라의 과거 시험에 합격했지. 그러나 고국 신라에서는 신분상의 한계로 뜻을 이루지 못했어.

새로운 세력의 등장

나라가 혼란에 빠지고 중앙 정부의 통제력이 약해지자, 새로운 세상을 꿈꾸는 새로운 세력이 등장하기 시작했어. 그들을 호족이라고 해.

● 최치원과 〈시무책 10조〉

최치원은 열두 살 때 당나라로 유학 가서 6년 후 빈공과에 합격해 당나라 관리가 되었어. 최치원은 6두품 출신이었어. 당시의 신라 6두품은 골품제에 막혀 제대로 뜻을 펴기 힘들었지. 그래서 정치적인 출세를 포기하고 승려가 되거나, 당나라로 건너가 빈공과에 합격해서 당나라 관리가 되는 일이 흔했어.

최치원은 당나라에서 뛰어난 문장가로 이름을 날렸단다. 특히 '황소의 난' 때 지은 〈토황소격문〉은 명문장으로 유명해.

황소가 농민을 이끌고 반란을 일으켜 크게 세력을 떨치고 있을 때였어. 최치원은 반란군을 진압하기 위해 출정한 고변이라는 관리를 따라갔지. 이때 '황소의 난을 토벌해야 한다.'는 뜻의 〈토황소격문〉을 지어 반란군을 진압하는 데 큰 공을 세웠단다.

최치원은 그 공으로 당나라 황제에게 높은 벼슬을 받았어. 탄탄한 출셋길이 열렸던 거지. 그러나 고향을 그리워하다 885년에 신라로 돌아왔어.

'당나라에서 배우고 익힌 학문과 경험으로 조국을 위해 뜻있는 일을 하겠다.'는 꿈을 안고 귀국한 최치원을 기다리고 있는 것은 부정부패와 혼란으로 가득 찬 조국이었어.

이대로 가다가는 조국의 미래가 없다고 생각한 최치원은 〈시무책 10조〉라는 개혁안을 만들어 진성 여왕에게 올렸어. 진성 여왕은 최치원의 개혁안을 받아들였어. 그리고 6두품으로는 최고 관직인 이찬 벼슬을 내리고 개혁 정책을 실행에 옮기려고 했지. 그러나 진골 귀족의 강한 반발에 부딪쳐 뜻을 이룰 수가 없었어.

신라에서 더 이상 자신의 뜻을 펴기 힘들다고 판단한 최치원은 벼슬을 버리고 해인사에 들어갔어. 그리고 은둔 생활을 하며 학문과 글쓰기로 남은 생애를 보냈단다.

그는 당나라에서 쓴 시를 모아서 20권으로 엮은 《계원필경》이라는 문집을 남겼어. 명문장가인 최치원의 빼어난 솜씨를 넉넉히 알 수 있게 해 주는 문집이야. 지금까지 남아 있는 우리나라 책 가운데 가장 오래된 책이기도 해. 또 《계원필경》은 한문학의 발전에도 큰 영향을 미쳤단다.

호족은 자신의 근거지에 성을 쌓고 군대를 거느리고 백성에게 세금을 걷는 등 그 지역의 실질적인 지배자가 되었어. 그리고 스스로를 '성주' 또는 '장군'이라고 했지.

　그럼 누가 호족이 되었을까? 대부분은 그 지역 토착 세력인 촌주가 호족이 되었지. 그렇지만 지방 관리, 바다 상인 세력, 부유한 농사꾼, 권력 다툼에서 밀려나 낙향한 진골 귀족 등 계층도 다양했어.

　또 호족 사이에도 세력 다툼이 벌어져 더 큰 세력을 얻는 호족이 생겨났어. 지방의 군사력을 중심으로 세력을 일으킨 견훤과, 도적 무리가 세력의 기반이었던 궁예가 대표적인 인물이야. 견훤과 궁예는 지역 토착 세력인 호족과는 좀 차이가 있지. 두 사람은 나중에 후백제와 후고구려를 세워, 통일 신라가 세 나라로 갈라지게 만들었단다.

　나라가 어지럽고 새로운 세상이 열릴 즈음에는 새 세상을 이끌어 갈 새로운 사상이 머리를 들게 마련이란다. 이 무렵에 크게 유행했던 새로운 사상으로는 '선종'과 '풍수지리설'이 있어.

　선종은 불교의 한 종파로 삼국 통일 무렵에 처음 들어와, 신라 말쯤 지방을 중심으로 크게 번져 나갔어. 경전과 교리를 중요시하는 교종과 달리, 꾸준한 수양을 통해 깨달음을 얻고자 하는 것이 특징이야.

　풍수지리설은 산이나 강의 모양이 인간 생활에 영향을 미친다는 사상이야. 이 사상을 처음 이야기한 사람은 도선 국사였어.

풍수지리설은 중앙 정부의 힘이 약해지고 지방 세력이 성장하는 데 큰 영향을 마쳤어. 당시 신라 도읍 금성은 운수가 다했다는 것이 풍수지리설에 따른 주장이었기 때문이야.

또 최치원 등 일부 유학자를 중심으로 유불선(유교·불교·도교) 세 종교의 조화를 찾으려는 움직임이 나타나기도 했단다.

후삼국 시대가 시작되다

견훤과 궁예가 후백제와 후고구려를 세워 통일 신라가 세 나라로 갈라졌다는 이야기는 앞에서 잠깐 했지. 그럼 그 일을 좀

김제 금산사 미륵전
(국보 62)
금산사는 전라북도 김제시에 있어. 금산사의 미륵전은 후백제를 세운 견훤과 관계가 깊단다. 왜냐하면 맏아들인 신검이 아버지 견훤을 이곳에 가뒀기 때문이야.

더 자세히 알아보도록 할까.

후백제를 세운 견훤은 사벌주 가은현(지금의 경상북도 문경시 가은읍)에서 태어났어. 아버지 아자개는 본디 농사꾼이었는데, 후에 집안을 일으켜 세력을 얻자 스스로 장군이라 칭했지.

견훤은 성장한 후 왕경(경주)에 가서 군인이 되었어. 그리고 공을 세워 서남해 방면을 지키는 비장이 되었단다. 그리 높은 벼슬은 아니고 한 부대를 지휘하는 지휘관 정도의 자리였지.

그 후 견훤은 나라가 어지러워 도둑 떼가 들끓고 농민들이 고통받는 모습을 보면서 '나라를 바로잡고 백성을 고통에서 구하자.'는 생각을 하게 되었어.

청주 정북동 토성
충청북도 청주시에 있는 토성이야. 토성이란 흙으로 쌓은 성을 말해. 후고구려의 궁예가 청주의 상당산성을 도읍으로 삼자, 후백제의 견훤이 이를 빼앗고는 정북동 토성을 지었다는 이야기가 전해져 오고 있어.

견훤은 군사를 일으켜 주변의 여러 고을을 공격했단다. 따르는 무리가 삽시간에 불어났고, 견훤은 무진주(지금의 광주)를 손에 넣게 되었지. 견훤이 스물여섯 살인 892년의 일이었어.

무진주에서 더욱 세력을 키운 견훤은 8년 후인 900년 완산주(지금의 전주)까지 점령했어. 그리고 이곳을 도읍 삼아 나라를 세우고, 나라 이름을 '백제'라고 했단다.

견훤은 나라를 세우면서 이렇게 선언했어.

"이곳은 백제의 옛 땅이고 백성도 모두 백제인의 후예다. 이제 나라 이름을 '백제'라 할 것이며, 신라를 쳐서 의자왕의 원한을 풀고 백제를 부흥시키겠노라."

견훤이 세운 나라 이름은 '백제'가 아니라 '후백제' 아니었냐고? 아냐, 백제가 맞아. 후백제는 신라에게 멸망한 백제와 구분하기 위해 나중 사람들이 붙인 이름이야.

이번에는 후고구려를 세운 궁예 이야기를 해 볼까?

궁예의 출생이나 어린 시절에 대한 이야기는 남아 있는 자료가 거의 없어서 자세히 알 수 없어. 다만 신라 왕족이나 권력 다툼에서 밀려난 진골 집안의 후손일 것이라고 추측할 따름이란다.

궁예는 어렸을 때 "나라에 이롭지 못한 인물이니 기르지 않는 것이 좋겠다."는 예언에 따라 죽을 처지에 놓였어. 그런데 궁예를 죽여야 했던 사람이 차마 죽이지 못하고 다락에서 아래로 던졌어.

◯ 견훤에 대해 이런 이야기도 있단다

《삼국유사》와 《삼국사기》에 각각 전하는 견훤의 출생과 어린 시절 이야기를 해 볼까?
견훤은 아자개의 아들이라고 했지만, 출생과 관련해서는 이런 이야기도 전해 오고 있어.
옛날 광주 북촌에 한 부자가 살았는데, 그에게는 용모 단정한 딸이 있었대. 어느 날 딸이 아버지에게 근심스런 표정으로 말했어.
"아버님, 매일 밤 자색 옷을 입은 남자가 제 방에 와서 자고 갑니다."
아버지가 딸에게 일러 줬지.
"긴 실을 바늘에 꿰어 그 남자 옷에 찔러 놓아라."
딸은 아버지의 말을 따랐지. 그리고 날이 밝은 다음 실을 따라가 보니, 바늘이 북쪽 담장 아래 있는 큰 지렁이 허리에 꽂혀 있었다는 거야. 그 후 딸에게 태기가 보이더니 아들을 낳았는데, 그 아이가 바로 견훤이었다는구나.
《삼국유사》에 나오는 이야기란다.
이번에는 《삼국사기》의 〈견훤전〉에 나오는 이야기를 해 볼까?
견훤이 갓난아이였던 때의 일이라고 해.
아버지는 밭에서 일을 하고 어머니는 집에 밥을 가지러 가기 위해 어린 견훤을 나무 아래 눕혀 놓았대. 그런데 숲 속에서 호랑이가 나타나 어린 견훤에게 젖을 먹이는 것 아니겠니?
그 모습을 본 마을 사람들이 놀라서 말했지.
"저것 봐, 호랑이가 갓난아이에게 젖을 먹이고 있어. 저 아이는 보통 아이가 아냐."
어떠니? 이런 일이 정말 있었을 것 같니?
이런 이야기는 정말일까 아닐까를 따지기보다, 영웅의 탄생을 신비화하기 위해 따라다니는 이야기라고 이해하면 될 거야. 알에서 태어난 아이가 왕이 되었다는 건국 신화처럼 말이야.

다행히 밑에서 몰래 기다리고 있던 유모가 얼른 궁예를 받았단다. 그때 잘못해서 손가락으로 어린 궁예의 한쪽 눈을 찌르고 말았어. 그 바람에 궁예는 애꾸눈이 되었지.

유모는 궁예를 데리고 달아났어. 그리고 조용히 숨어 살면서 어린 궁예를 키웠단다.

나이가 들어 궁예는 세달사라는 절에 들어가 스님이 되었어. 그러다가 세달사를 떠나 북원으로 가 양길의 부하가 되었지. 당시 양길은 북원에서 큰 세력을 떨치며 봉기를 이끌었거든. 물론 부하도 아주 많았어. 궁예는 곧 양길의 신임을 얻어 군사를 이끌고 강원도 여러 지역을 정벌했지.

그 시절의 궁예는 부하들과 모든 어려움과 즐거움을 같이했어. 상과 벌을 줄 때는 공평하기가 칼날 같아 따르는 군사가 많았어. 그즈음에 송악(지금의 개성)의 호족이었던 왕융과 왕건 부자가 귀순해 오면서 세력이 더욱 커졌지. 또 민심도 크게 얻었고. 마침내 궁예는 양길의 군사까지 격파하고 송악에 도읍을 정한 뒤 후고구려를 건국했어(901년).

견훤과 궁예가 각각 후백제와 후고구려를 세우면서 통일 신라는 또다시 세 나라로 나뉘었고, 우리나라 역사는 후삼국 시대를 시작하게 되었단다.

통일 신라와 발해 연표

발해 건국

고구려가 멸망하고 수많은 고구려인이 당나라로 끌려갔어. 그러나 고구려인의 후예들은 당나라에서 탈출했지. 그리고 옛 고구려 땅으로 돌아가 동모산을 도읍으로 정하고 발해를 세웠단다.

신라, 불국사와 석굴암 중창

불국사와 석굴암은 통일 신라의 불교문화를 대표하는 건축물이야. 이를 크게 중창하자고 건의한 사람은 바로 김대성이었지. 불국사와 석굴암을 완공하는 데에는 30년이나 걸렸어.

기원후 698년

기원후 751년

기원후 685년

기원후 722년

기원후 755년

신라, 9주 5소경 설치

신라는 삼국 통일 후 넓어진 땅을 잘 다스리고자 나라를 9주 5소경으로 나눴어. 오늘날로 말하자면 9개의 '도'와 5개의 '광역시'를 만든 것이었지.

신라, 정전 제도 실시

정전은 신라에서 15세 이상의 남자들에게 나눠 준 토지를 말해. 이로써 신라는 농민에 대한 지배력이 강해지고, 농업 생산력과 세금 수입이 크게 늘어났어.

발해, 상경 용천부로 천도

발해는 나라가 커져 감에 따라 더 넓은 도읍이 필요해졌어. 그래서 상경으로 천도했지. 이후 잠시 동경으로 천도했다가, 다시 상경으로 돌아와 발해의 마지막까지 도읍으로 자리했단다.

6 신라, 청해진 설치

장보고는 당나라에서 군인으로 활약하던 신라 사람이었어. 그는 신라로 돌아와 전라남도 완도에 청해진을 설치했지. 청해진은 중국 해적을 모두 소탕한 뒤, 동아시아 국제 무역의 중심지로 떠올랐어.

8 후백제 건국

통일 신라 말, 나라가 어지러워진 틈을 타서 견훤이 옛 백제 땅에 새 나라를 세웠어. 백제를 부흥시키겠다면서 말이야. 이 나라가 바로 후백제였어.

10 발해 멸망

'해동성국'이라 불릴 만큼 번성하였던 발해가 어떻게 멸망했는지는 정확히 알려진 바가 없어. 그저 거란이 세운 요나라의 침략으로 사흘 만에 무너졌다는 것밖에 알 수 없단다.

기원후 828년

기원후 900년

기원후 926년

기원후 888년

기원후 901년

7 신라, 향가집《삼대목》편찬

《삼대목》은 우리나라 최초의 향가집이야. 향가는 향찰로 쓴 신라의 노래를 말해. 향찰이란 한자의 소리와 뜻을 우리말대로 쓴 표기법이었지.

9 후고구려 건국

후고구려를 세운 이는 궁예였어. 강원도 지방에서 세력을 키운 궁예는 송악에 도읍하여 후고구려를 세웠어. 이로써 통일 신라는 다시 세 나라로 나뉘게 되었지.

| 자료 제공처 및 출처 |

● **강화역사박물관**
참성단 32 청동기 시대 사람들이 제사 드리는 모습 36 고인돌을 만드는 과정 38~39 청동기 시대 사람들의 삶 40

● **경주시청**
황룡사 구층목탑 131

● **고창고인돌박물관**
탁자식 고인돌 39

● **국립경주박물관**
민무늬 토기 45 연질 토기 61 경주 계림로 보검 74 서수 모양 주자 90 집 모양 그릇 92 짚신 모양 잔 93 이차돈 순교비 108 임신서기석 124 천마총 금관 127 얼굴 무늬 수막새 129 경주 천마총 장니 천마도 136 천마총 유리잔 141 성덕 대왕 신종 203 안압지에서 출토한 통일 신라의 목간 205 안압지에서 출토한 통일 신라의 금동 가위 205 망새 212

● **국립공주박물관**
조개팔찌편 29 뼈구슬 29 무령왕릉 석수 136 무령왕릉 지석 137

● **국립김해박물관**
굽다리 접시 114 손잡이 달린 단지 115

● **국립부여박물관**
은제 관모 장식 88 전부 명표석 102 부여 금성산 출토 청동제소탑편 104 치미 104 백제 금동대향로 126

● **국립중앙박물관**
찍개 19 주먹 도끼 19 좀돌날몸돌 20 뒤지개 21 빗살무늬 토기 22 가락바퀴 28 조가비 탈 29 요령식 동검 34 한국식 동검 35 청동 도끼 거푸집 37 부채 모양 청동 도끼 37 불탄 쌀 43 홈자귀 44 쌍두령 48 팔주령 49 명도전 51 오수전 51 청동 쇠뇌 52 청동 도끼 53 한국식 동검 54 한국식 동검 거푸집 54 잔무늬 거울 56 다뉴정문경 57 농경문 청동기 58 대롱옥 61 금귀걸이 77 평양 석암리 금제 띠고리 83 말 탄 사람이 그려진 벽화편 84 금관총 금관 및 금제 관식(금관) 89 「호우」 글자가 있는 청동 그릇 98 중원 고구려비 탑본 99 금동 신발 100 금관총 금제 허리띠(금허리띠) 106 북한산 신라 진흥왕 순수비 110 부뚜막 121 집 모양 토기 122 「연가 칠년」이 새겨진 금동불입상 130 산 경치 봉황 무늬 벽돌 133 감은사 서삼층석탑 사리장엄구—전각 모양 금동사리내함, 금동사리외함 196 황룡사 목탑 심초석 출토 사리 갖춤 197 연꽃무늬 수막새 206

● 국립진주박물관
바퀴 모양 토기 **140**

● 국립청주박물관
찍개 **19** 주먹 도끼 **19** 갈돌과 갈판 **21** 슴베찌르개 **25** 긁개 **25** 반달 돌칼 **43**

● 대가야박물관
덩이쇠 **113**

● 대성동고분박물관
덩이쇠의 제작과 수출 과정 **112~113**

● 동북아역사재단
오녀산성 **66** 덕흥리 벽화 고분 벽화 가운데 〈수렵도〉와 〈천계〉 **67** 집안 일대의 고구려 고분 **80** 장군총 **98** 안악 3호분 벽화 가운데 〈묘주〉 **119** 수산리 고분 벽화 가운데 〈여인들의 행렬〉 **120** 안악 3호분 벽화 가운데 〈주방, 육고, 차고〉 **121** 강서대묘 벽화 가운데 〈사신도〉 **133** 덕흥리 벽화 고분 단면도 **134~135** 안악 3호분 벽화 가운데 〈행렬도〉 **146** 덕흥리 벽화 고분 벽화 가운데 〈행렬도〉 **147** 호산에 남아 있는 박작성의 흔적 **155** 안학궁 **164** 안학궁 치미 **165** 안학궁 암키와막새 **165** 육정산 고분군 **179**

● 백제군사박물관
삼국 시대의 공성 무기 **159**

● 백제문화단지
한성 **70** 능사의 오층목탑 **103** 삼국 시대의 장터 풍경 **118** 삼국 시대의 공방 모습 **119** 칠지도 **125** 백제의 건축 현장 **138** 사비궁 **158** 백제의 회의 모습 **160**

● 불교중앙박물관
무구 정광 대다라니경 **201**

● 서울암사동유적
신석기 시대의 움집 **27**

● 속초시립박물관
상경성 궁성 정문 터 184 장백현 영광탑 186 흥륭사 발해 석등 206 정효공주묘비 207 상경성 궁성 제1궁전 터 207

● 영주시청
영주 부석사 무량수전 194

● 장보고기념관
청해진 유적지에서 출토한 주름 무늬 병 190 장보고 무역선 191

● 전쟁기념관
살수 대첩 복원화 150 안시성 전투 복원화 153

● 한성백제박물관
구석기 시대 사람들의 삶 24 신석기 시대 사람들의 삶 26 한성의 풍경 71 서울 석촌동 고분군 87

● 함안박물관
소뿔 모양 손잡이 항아리 59 아라가야의 여러 토기 77 긴 목 항아리 115

● 합천박물관
금동관 77 로만글라스 141

● 본서의 모든 사진 및 그림 자료는 저작권자의 허락을 받아 사용하고자 최선을 다하였습니다.
허락받지 못한 일부 자료의 경우 저작권자를 확인하는 대로 반영하겠습니다.